TRAITÉ
DE LA VERITÉ
DE LA
RELIGION
CHRETIENNE,

Tiré du Latin de

Mr. J. ALPHONSE TURRETTIN

Professeur en Théologie & en Histoire
Ecclésiastique à GENEVE.

SECTION IV.

De l'Excellence & de la Beauté de la
RELIGION CHRETIENNE
considerée en elle-même.

A GENEVE,

Chez HENRI-ALBERT GOSSE & COMP.

MDCCXL.

TABLE
DES CHAPITRES.

SECTION IV.

Où l'on fait voir l'Excellence & la Beauté de la Religion Chrêtienne confiderée en elle-même.

CHAP. I. Introduction.   *pag.*   I

ARTICLE I.

Des Dogmes de l'Evangile,

CHAP. II. Plan de cette Prémiere Partie, sur l'excellence de la Religion Chrêtienne confiderée en elle-même; Et 1° par rapport à ses Dogmes, 6

CHAP. III. De l'excellence des Dogmes qui viennent d'être propofez.   11

CHAP. IV Où l'on confidére l'excellence de la Foi Chrêtienne plus en détail, & 1°. par rapport à la connoiffance du vrai Dieu,   18

CHAP. V. De ce que l'Evangile nous enfeigne touchant la nature de l'homme & fa deftination, 29

CHAP. VI. De la venüe de JESUS-CHRIST au monde, & de fa Nature Divine,   37

CHAP. VII. Du Myftére de la TRINITE',   47

CHAP. VIII. De l'humiliation & des fouffrances de JESUS-CHRIST,   61

CHAP. IX. De la mort de JESUS-CHRIST confiderée comme un Sacrifice,   70

CHAP. X. De la gloire où JESUS-CHRIST a été élevé après fes foufrances,   89

CHAP. XI. De l'immortalité de l'ame & de la réfurrection du corps,   96

CHAP. XII. De la fin du monde & du Jugement dernier,   110

Conclufion de cette Prémiere Partie,   121

***

ARTI-

ARTICLE II.

De la Morale Chrêtienne,

Chap. I. Précis de la Morale Chrêtienne, 125

Chap. II. De la justice & de la sainteté des Préceptes de l'Evangile, 133

Chap. III. Que la Morale Chrêtienne n'est ni trop rigide, ni trop relachée, 142

Chap. IV. Utilité de la Morale Chrêtienne pour le bien de la societé civile, 153

Chap. V. Utilité de la Morale Chrêtienne pour chaque personne en particulier, 175

Chap. VI. De la maniere dont la Morale est proposée dans l'Evangile, & des encouragemens & motifs qui y sont joints, 188

Chap. VII. Continuation du même sujet, & en particulier des secours dont la Loi Chrêtienne est accompagnée, 199

Chap. VIII. Combien la Morale Chrêtienne l'emporte sur toute autre. Divers parallélles à cet égard, 210

Chap. IX. Paralléle du simple Droit Naturel avec la Morale de l'Evangile ; à quoi l'on ajoute quelque chose touchant la Morale Judaïque & Mahométane, 224

ARTICLE III.

Des Promesses de l'Evangile,

Chap. I. Des Promesses de l'Evangile en général, & particuliérement des avantages de la Pieté Chrêtienne dans la vie présente, 239

Chap. II. Où l'on continue à parler des fruits de la Foi Chrêtienne dans la vie présente, 252

Chap. III. Des Récompenses de la Pieté Chrêtienne dans la vie à venir, 263

Chap. IV. De l'effet que doivent produire sur nous les Promesses concernant la vie à venir, 270

Chap. V. Conclusion de tout ce qu'il a été dit sur l'excellence de la Religion Chrêtienne, 286

Pensées sur la Religion, traduites du Latin de Mr. J. Alph. Turrettin, 305

TRAI-

A

SON ALTESSE

SERENISSIME

LE PRINCE

FREDERIC,

DUC-HEREDITAIRE

DE

SAXE-GOTHA, &c.

MONSEIGNEUR,

UN Ouvrage aussi interrompu que l'a été celui-ci, peut bien repa-

* 2

reparoitre ſous de nouveaux auſpices. Le Tome précédent ayant été dédié à un Prince de qui j'avois l'honneur d'approcher, la même raiſon m'invite à préſenter ceux-ci à VôTRE ALTESSE SERENISSIME. Il me ſemble même que la part qu'on a bien voulu me donner à la culture de votre eſprit, me fait un devoir de conſacrer à votre uſage ce fruit le plus précieux de mes études.

Vous comprenez déja, MONSEIGNEUR, quoique dans un âge tendre, que de toutes les connoiſſances celle de la Religion eſt ſans contredit la plus néceſſaires, puiſqu'elle ſeule donne la vraye ſageſſe & conduit au parfait bonheur. Déja vôtre oreille

s'ou-

s'ouvre à ses saintes leçons :
Puissent elles pénétrer bien avant
dans vôtre cœur !

VÔTRE ALTESSE SERE-
NISSIME n'ignore pas que l'a-
mour de la Religion est une
vertu héréditaire dans son
Auguste Maison, & qu'elle en
fait depuis longtems la gloire
distinctive. Tout nous promet,
MONSEIGNEUR, que Vous
marcherez sur de si belles traces. Dieu vous a doué d'un jugement droit, d'un cœur bon &
compatissant, d'un naturel docile. Outre le rare avantage de
trouver les meilleurs modéles
dans les Personnes mêmes à
qui la Nature vous a lié,
vous avez le bonheur d'être sous
la direction d'un Sage-aima-

                ble

ble *, qui, en vous amenant
dans cette Ville pour y faire vos
études, a pris ſoin que VÔTRE
ALTESSE SERENISSIME *ne*
vît rien autour d'Elle qui ne
fût dirigé & abſolument tourné
à ſon utilité.

Tout concourt ainſi, MON-
SEIGNEUR , à ſeconder vos
bonnes inclinations, & à déveloper vos talens. Mais c'eſt ſur
tout par les principes d'une Foi
éclairée, qu'on doit eſpérer de
voir croître & ſe fortifier dans
vôtre ame les ſolides vertus.

Comme je deſire ardemment
que cet Ouvrage, à meſure que
vous ſerez plus en état de le lire
& de l'aprofondir, puiſſe contri-
buer, avec la grace de Dieu, à
pro-

* Mr. le Baron De Thun.

produire cet heureux effet ; je prens la liberté, MONSEI-GNEUR, de *Vous* l'offrir dans cette vuë, & comme une marque du zéle respectueux avec lequel j'ai l'honneur d'être

DE VÔTRE ALTESSE SERENISSIME

Le très-humble & très-obéïssant Serviteur,

J. VERNET.

à GENEVE *le* 25. *Juin* 1745.

PREFACE.

EN donnant au Public le précédent Volume, * je ne croyois pas d'être encore dans le cas de lui demander grace ſur mes retardemens; c'eſt aſſez que d'avoir à ſolliciter ſon indulgence pour l'Ouvrage même. Mais outre que divers obſtacles ſurvenus ne m'ont pas laiſſé le tems de continuer ce travail, j'avouë que j'ai été ſouvent rallenti par deux conſidérations; l'une eſt que par la mort de Mr. TURRET-

* C'eſt la Section IV. qui parut il y a dix ans.

R E T T I N arrivée dans cet inter-
valle (*a*), j'avois le malheur de
perdre mon guide; l'autre eft,
que la Partie qui me reftoit à
traiter, me paroiffoit moins
fufceptible que les précédentes,
d'un tour un peu nouveau. Il
s'agit des *Preuves hiftoriques*,
qui ont été fi rebattuës, & l'on
peut dire, fi bien maniées, qu'il
ne femble pas qu'on ait plus rien
à defirer là-deffus. Car, pour ne
parler que des Ouvrages François, c'eft furtout dans cette
partie que l'illuftre Mr. A B B A-
D I E a excellé. Et dès-lors on
a encore vû en France Mr. D E-

N Y S E

(*a*) Mr. J E A N A L P H O N S E T U R R E T T I N mourut
le 1. Mai 1737, âgé d'environ 66. ans. J'ai eu
la fatisfaction de rendre les derniers honneurs à
fa mémoire, dans un *Eloge hiftorique* inferé en deux
Parties dans la *Bibliothéque Raifonnée Tom.* XXI.

N Y S E (*b*) appliquer très habilement la méthode géometrique
à juſtifier la vérité des faits
de l'Evangile ; le R. P. D E
C O L O N I A employer dans la
même vuë le témoignage
des Auteurs Payens (*c*), &
l'Abbé D E H O U T E V I L L E déduire la preuve tirée des faits
avec autant d'étenduë que
de ſubtilité (*d*). Ce qu'on
vient de publier de feu Mr.
l'Abbé D U G U E T, ſous le titre
de *Principes de la Foi*, contient
auſſi de belles remarques, & même aſſez nouvelles, dans le goût
&

(*b*) La vérité de la Religion Chrêtienne démontrée par ordre Géométrique, par Mr. D E N Y S E,
12. *Paris* 1719.

(*c*) La Religion Chrêtienne prouvée & autoriſée
par les témoignages des anciens Auteurs Payens,
par le Pére Dominique de Colonia, Jéſuite, 2. *vol.*
12. *Lyon* 1718.

(*d*) D E H O U T E V I L L E, la Religion Chrêtienne
vée par les faits, *à Paris* 4. 1722.

& selon le plan de Mr. PASCAL
(*e*). L'Angleterre, devenue le
principal Théatre de ces sortes
de disputes, a été encore plus
fertile en bons écrits sur cette
matiére. Outre les 6. Volumes
qu'on vient de traduire des Discours prononcés pour la fonda-
tion de Mr. BOYLE, (*f*) quand
il n'y auroit que l'ouvrage de
Mr. DITTON, (*g*) si serré & si
démonstratif, avec l'ingénieux
écrit du Docteur SHERLOC,
Evêque de *Bangor*, (*h*) l'un
&

(*e*) Traité des Principes de la Foi Chrêtienne,
12. *Paris* 3 *vol.* 1736.
(*f* Défense de la Religion tant naturelle que
revelée, extraite de plusieurs écrits &c. & traduite
de l'Anglois de Mr. GILBERT BURNET, *à la*
Haye 8. *le I Tome en* 1737.
(*g*) La Religion Chrêtienne démontrée par la
Résurrection de Nôtre Seigneur JESUS-CHRIST,
par Mr. HOMFROI DITTON, 2. *vol.* 8. *Amst.* 1728.
(*h*) Les Témoins de la Résurrection de JESUS-
CHRIST, examinés & jugés selon les régles du
Barreau, traduit de l'Anglois par Mr. le MOINE,
avec une Dissertation historique sur les Ecrits du
Sr. WOOLSTON, 8. *à la Haye*, 1732.

& l'autre traduits en François;
il femble que nous pourrions
déformais nous paffer de nouveaux plaidoyers pour une caufe déja fi bien défendue.

Cependant il m'eft venu de
divers endroits , & même de
perfonnes de différentes Com-
munions, d'obligeantes exhortations à pourfuivre mon travail. Je n'ignore point quelle
part l'amitié & l'honnêteté peuvent avoir à ces fortes d'invi-
tations ; mais avec cela on
m'alléguoit des raifons: L'on
difoit que toutes fortes de Livres ne font pas propres pour
tout le monde; qu'il en faut
de différent goût & fur divers
plans, pour des Lecteurs de différent ordre ; que fouvent un
Au-

Auteur, en difant de très belles chofes, y en mêle d’autres qu’on voudroit n’y point trouver, & qui empêchent que fon Ouvrage ne foit d’une utilité générale ; que ces fortes de matiéres font toûjours fufceptibles de quelque varieté, & peuvent prendre une face nouvelle, foit dans l’arrangement total, foit dans le tour qu’on donne à chaque partie ; qu’on ne doit pas fe faire de la peine de multiplier les écrits fur un fujet qui intéreffe également tous les Chrêtiens, de quelque Eglife qu’ils foient membres ; qu’enfin, puis qu’un grand nombre de perfonnes, qui ont entre les mains le commencement de cet Ouvrage, croyent y voir affez d’utilité pour fouhaiter qu’il ne

refte

reſte pas incomplet, le moins que je leur doive eſt de répondre à ce pieux deſir, dûſſai-je m'expoſer au dédain de ceux qui ne veulent que du nouveau.

Je me ſuis donc déterminé, auſſi-tôt que j'ai recouvré quelque loiſir, à reprendre mon travail, en priant Dieu de m'aſſiſter & d'y répandre ſa bénédiction. Un Livre qui fait bruit depuis quelque tems (*i*), a même été un nouveau motif pour m'engager à prendre la plume, quand j'ai vû l'affectation avec laquelle on y écarte les

(*i*) *Lettres ſur la Religion Eſſentielle à l'homme.* Ce Livre vient d'être ſolidement refuté par quatre excellens Théologiens; Mr. DE ROCHE, Paſteur à Geneve, dans une Réponſe en forme de Lettres, en deux Volumes in 8. intitulée *Défenſe du Chriſtianiſme ou Préſervatif contre . . .* à Geneve 1740. Mr. BOULLIER Paſteur à Amſterdam, dans un Livre qui a pour titre *Lettres ſur les vrais principes de la Religion, où l'on examine un Livre . . . . On y joint une défenſe des penſées de* Mr. PASCAL, *contre la Critique de* Mr. de VOLTAIRE, *Amſterd.* 2. *vol.*

les *preuves de fait*, fous prétexte
de ramener l'homme à mieux
fentir ce que le Chriftianifme a
de beau en lui-même, indépendamment de toute recomman-
dation extérieure. Perfonne
affurément ne fait plus de cas
que moi de la *preuve de fenti-*
ment, tirée de l'excellence propre de la Doctrine Chrêtienne,
comme on l'a pû voir dans le
Tome précédent, qui eft employé uniquement à déveloper
cette preuve dans toute fon
étendue. Qu'on dife donc
que la Doctrine Evangelique fe

recom-

2. *vol.* 1741. Mrs. Zimmerman & Breitinguer
Profeffeurs en Théologie à Zurich, dans deux
Ouvrages Latins ; le premier eft une fuite de
favantes Differtations *de Caufis magis magifque in-*
valefcentis incredulitatis, & modela huic malo adhi-
benda, 4. *Tiguri* 1739. l'autre qui vient d'être traduit
en François à Laufanne, a pour titre *Examen des*
Lettres fur la Religion Effentielle, dans lequel on dif-
cute les Principes qu'il faut emplover, pour déterminer
l'éffence de la Religion, Traduit du Latin de Mr. J. J.
Breitinguer, avec des Notes, & une Préface du Tra-
ducteur, 8. *Zurich* 1741.

recommande d'elle-même par
fa conformité avec la droite
Raifon, & par le raport qu'elle
a avec nos befoins fpirituels;
cela eft inconteftable : Qu'on
ajoute, fi l'on veut, que cette
preuve peut fuffire à quelques
perfonnes, qui aiment mieux s'y
arrêter, parce qu'elle les frape
plus que toute autre; nous ne
faurions le trouver mauvais:
c'eft une afaire de goût;
chacun eft libre fans doute de
faifir un fujet par le côté qui
lui plait davantage; & au fond
quelque route que l'on prenne
pour arriver au but, qu'importe
pourvû qu'on y arrive? Mais
en prenant un chemin, l'on n'eft
pas en droit de fermer tous les
autres; & c'eft mal s'y prendre
que de faire valoir une preuve
qu'on

qu'on préfére , aux dépens de celles qu'on ne juge pas à propos d'employer. Elles ont chacune leur prix & leur usage. Si d'un côté, la simple beauté de la doctrine Evangelique a de quoi toucher ceux qui ont un goût de Raison & de Vertu assez épuré ; de l'autre, il faut avouer que les faits ont souvent quelque chose de plus frappant & de plus décisif pour le commun des hommes, & qu'ils servent à manifester plus particuliérement une volonté positive de Dieu. Le meilleur est donc de joindre ces deux sortes de preuves ; c'est le moyen de satisfaire toutes sortes d'esprits, & de montrer la vérité par toutes ses faces.

**

ll

Il est vrai que pour suivre &
aprofondir les preuves historiques, on est obligé de remonter
à des faits & à des témoignages d'Auteurs anciens. Mais
qu'y a t-il en cela, que ne fassent tous les jours ceux qui ont
un procès fondé sur de vieux
titres, ou qui délibérent sur
quelque afaire soit publique
soit particuliére ? La plupart
des hommes ne sont point si
stupides qu'on se l'imagine,
quand il s'agit des choses qui
les intéressent. Pour peu qu'on
les aide & qu'on leur allégue le
pour & le contre, ils sont assez
capables d'en faire un juste discernement. C'est pourquoi, au
lieu de fomenter leur paresse en
les détournant de cet examen, il
n'y

n'y a qu'à leur en applanir le chemin, & à les prier d'y aporter au
moins la même attention qu'ils
apportent tous les jours aux
afaires communes de la vie.

Mais, dit-on, il faut pour
cela confulter des Livres & examiner des paffages écrits dans
une langue que le peuple n'entend pas, n'y ayant que les fa-
vans qui puiffent recourir aux
Originaux. Celui qui a fait
ce raifonnement n'a pas pris
garde qu'il prouve trop, &
que la conféquence porteroit
également contre fes principes.
Car pour juger de l'excellence
de la Doctrine & de la Morale
Chrêtienne, ne faut-il pas auffi
que le peuple s'en raporte aux
Verfions qu'on lui met entre les

** 2　　　mains ?

mains ? Mais à dire vrai, c'eſt une crainte imaginaire que celle d'être trompé par des Traducteurs & des Critiques, quand ils ſont en ſi grand nombre, & de partis oppoſés, tout prêts à relever la moindre infidélité que les uns ou les autres pourroient commettre. Il ne manque pas aujourd'hui d'incrédules, qui parlent & écrivent aſſez hardiment. Voit-on qu'ils ſe ſoient plaints d'aucune ſuppoſition ou falſification par raport aux paſſages que nous citons ? Cet accord général entre des gens qui d'ailleurs ne s'accordent point, forme une eſpéce de notorieté publique ſur laquelle peuvent ſe repoſer en ſureté ceux qui ne conſultent pas les Originaux,

comme

comme on se repose sur des Loix & des Edits communément cités, sans remonter soi-même à la source.

D'ailleurs, en supposant que ce genre de preuves demandât quelquefois une discussion au dessus de la portée du vulgaire, seroit-ce une raison d'en frustrer les autres ? & ne peut-on pas dire même, que quand ceux qui en sont capables s'appliquent à bien aprofondir les preuves historiques de nôtre Religion & à les faire valoir, leur jugement & leur exemple devient une espéce d'autorité raisonnable, qui doit faire quelque impression sur la multitude?

Mais après tout, on ne peut se dispenser de l'examen des

faits, quand on confidére la nature de l'Evangile, qui confiste
en bonne partie dans une fuite
de faits lefquels accompagnent
& foutiennent la Doctrine elle-
même. Car il ne s'agit pas feulement de favoir, s'il y a eu
en Judée un homme nommé
JESUS, qui ait mieux philo-
fophé & mieux raifonné fur la
Morale, que *Socrate*. Il s'agit
de reconnoitre ce JESUS pour
un Légiflateur & un Sauveur envoyé de Dieu, lequel eft mort,
reffufcité & glorifié, afin d'établir
une économie de grace & de fa-
lut, fous de certaines conditions
& avec des promeffes pofitives.
Cette autorité ou cette miffion
de JESUS-CHRIST eft prou-
vée par des faits miraculeux; &

lui-

toient d'avoir des Revélations divines, n'en donnoient aucune preuve.
On ne leur a point vû faire de miracles, ni prédire l'avenir; & quand ils
s'attribuoient une illumination venant
du Ciel, il faloit les en croire fur leur
parole. Il eft vrai qu'une partie des
Mahométans racontent plufieurs miracles de leur Prophête,(*a*) qui confirment
bien par leur ridicule ce que nous difions plus haut, que les petits génies
& les fanatiques, qui fe mettent à inventer du merveilleux, n'y favent garder aucune mefure. Cependant Mahomet lui-même déclare fouvent dans
l'Alcoran, qu'il n'eft point venu pour
faire des fignes comme Moïfe & Jesus; que fa miffion eft fimplement
de corriger & d'avertir; & que fa
doctrine n'eft point fondée fur des miracles. (*b*) Sur ce pié-là chacun com-

T prend

(*a*) Comme quand il fit defcendre la Lune, la
fendit en deux, en fit promener les deux parties
fur la Terre, & puis fe rejoindre dans le Ciel.
Voilà les puerilités où donnent d'ignorans im-
pofteurs. Quelle différence de ce faux merveilleux d'avec les miracles de l'Evangile!

(*b*) Voyez *Maracci Frodrom. ad refutat. Alcorani.*
Part. 2. cap. 3.

prend affez, combien il eft facile de fe tromper foi-même, & d'en faire accroire aux autres. Mais JESUS-CHRIST & fes Apôtres ont agi bien différemment : Ils fe font apuyés uniquement fur des fignes extérieurs & en grand nombre, dont chacun pouvoit être témoin & juge. C'eft fe mettre à une épreuve qui n'eft point fufceptible d'illufion.

10°. Comme ces Politiques inventeurs de Religion ne donnoient point de preuve manifefte de leur miffion, ils n'avoient pas befoin de mettre bien des gens dans leur confidence, & ils demeuroient feuls maîtres de leur fecret; tout au plus faloit-il le confier à un ou deux amis. Par là ils mettoient tout le myftére à couvert; une intrigue fe conduit aifément entre peu de perfonnes. Mais de la maniére que JESUS s'y eft pris, il eft impoffible qu'il trompât en même tems tous fes Apôtres & tous fes Difciples, puifqu'il s'agiffoit d'une fuite continuelle de faits, qui fe paffoient fous leurs yeux, & qui s'opéroient fouvent par leurs propres mains. Il faloit donc que tous enfemble

femble fuffent complices de la fraude;
& non feulement eux, mais plufieurs
autres difciples, qui fe difoient témoins
oculaires de fes miracles & de fa réfurrection, ou des miracles opérés par
les Apôtres. Or quel moyen d'engager tant de gens à la fois dans un
complot également criminel & péril-
leux, quand on n'a rien à donner, ni
à promettre pour la vie préfente? Et
puis, quelle fûreté, dès qu'il faut faire
entrer tant de gens dans un fecret?

11°. Enfin, pour entreprendre une
impofture il faut compter fur l'impunité.
Il ne fe fait que trop de fraudes en matiére de dévotion; mais où? Dans les
lieux où l'on compte que le vulgaire
y aplaudira, & que les gens plus pénétrans feront forcés de fe taire.
Les Princes qui ont eu recours à de
femblables fictions, favoient bien qu'ils
pouvoient rifquer la chofe fans fe commettre; ils y trouvoient au contraire
un grand avantage, puifque c'étoit un
moyen de fortifier leur autorité; & pour
ce qui eft de Mahomet, on fait que ç'a
été pour lui le chemin du trône. Or,
je vous prie, quelle comparaifon y a-

t-il

t-il à faire entre des hommes qui recueillent si visiblement le fruit de leur politique, qui régnent, qui jouïssent de toutes sortes d'honneurs & de plaisirs ; & d'autres qui méprisant tout intérêt humain, vivent dans la bassesse, passent par les plus rudes épreuves, & sacrifient leur repos & leur vie à l'unique dessein d'avancer le régne de Dieu ?

En un mot, dans la conduite des autres Chefs de Secte, on ne voit rien qui ne s'explique suffisamment par ce que nous savons que l'homme peut faire ; au lieu que dans l'Histoire & dans la conduite de JESUS-CHRIST & des Apôtres, si l'on ne remonte pas au surnaturel, c'est une énigme impénétrable. Chez les premiers il n'y a rien qui les mette à couvert du soupçon d'imposture ; chez les autres, tout éloigne & contredit un pareil soupçon.

Ainsi, quoi qu'une pensée comme celle du paralléle que nous venons d'examiner, plaise d'abord à l'esprit, parce qu'elle semble fournir une solution commode, &

qu'elle

lui-même en appelle à cette preuve ; lui-même fonde là-deſſus ſes enſeignemens ; c'eſt ſur ce pié-là qu'il veut qu'on croye en lui & qu'on attende une heureuſe immortalité. Il n'y a donc pas moyen de ſéparer la partie hiſtorique de la partie dogmatique ; ce ſont des choſes trop étroitement liées ; & par conſéquent il en faut toujours venir à examiner auſſi cette partie hiſtorique, en ſuivant dans cet examen la voie qui eſt propre à y réuſſir. C'eſt du moins ce que chacun doit faire autant qu'il en eſt capable.

J'eſpére que le détail où nous allons entrer là-deſſus fera voir qu'en effet ces preuves externes ne devoient pas être négli-

gées,

gées, & qu'elles ne font ni foibles, ni fuperflues, ni d'une auffi difficile difcuffion que l'a voulu faire croire ce nouvel Ecrivain.

S'il m'eft échapé, dans les précédens Volumes, d'étendre certains articles plus que n'avoit fait Mr. TURRETTIN, & même de leur donner quelquefois un tour différent ; je dois confeffer que j'ai encore plus ufé de cette liberté dans ce Tome & dans les fuivans ; parce que j'ai crû m'apercevoir toujours plus, que la nature du fujet le demandoit, par raport à un ordre de lecteurs dans l'efprit defquels on ne doit pas fuppofer autant de connoiffances qu'en fuppofe un Ouvrage Académique. Ainfi je n'ai pas

fait

fait difficulté d'ajouter une Section entiére sur l'authenticité & l'intégrité des Livres du *Nouveau Téstament*, comme étant une base néceſſaire à poser pour tout le reſte de nos preuves. J'ai fait dans la Section ſuivante un Chapitre exprés de JEAN BATISTE, qui fit l'ouverture de la prédication Evangelique. Je me ſuis attaché à montrer dans cette même Section, qu'il n'y avoit point de fanatiſme chez les fondateurs de nôtre Religion, & j'en ai fait un paralléle avec d'autres Chefs de Secte. Dans la Section ſur *les Miracles*, j'ai tâché de preſſer davantage la force du témoignage des Apôtres. J'ai hazardé une penſée

ſur

ſur le fameux paſſage de Josephe. J'ai répondu à un plus
grand nombre d'objections, &
j'ai donné des ſolutions nouvelles à quelques-unes, comme à
celle-ci : *Pourquoi* Jesus-Christ
ne s'eſt-il pas montré après ſa ré-
ſurrection à un plus grand nom-
bre de témoins? J'ai tâché de
tourner la preuve tirée des *Pro-*
phéties, de la maniére la moins
ſujette à difficulté. J'ai auſſi
crû devoir entrer, par raport à la
propagation du Chriſtianiſme,
dans un plus grand détail ſur
l'état & les circonſtances où le
Monde ſe trouvoit alors, de même que ſur les degrés & ſur la
nature des oppoſitions que trouvoit l'Evangile ; ce qu'on peut
déduire entr'autres de la fa-
meuſe

meuſe lettre de PLINE, dont je donne un petit Commentaire. Il étoit bon encore d'entrer dans plus de particularités que n'a fait Mr. TURRETTIN ſur l'état de décadence où l'on reproche à la Chrêtienté d'être tombée. Enfin il m'a parû très utile de faire la clôture de cet Ouvrage, par une Section contenant des réflexions générales ſur le malheur de l'incrédulité, & ſur les moyens d'y remédier. Tels ſont les principaux articles que j'ai crû pouvoir ajouter à l'excellent fond que me fourniſſoit mon Original. D'un autre côté, j'ai laiſſé en arriére une queſtion ſur laquelle Mr. TURRETTIN, engagé par une occaſion particuliére, s'étoit aſſez étendu; qui

eſt

eſt de ſavoir ſi Dieu peut permettre aux Démons de faire des prodiges. Ce morceau de Théologie, où il prend le parti de la négative, eſt beau & curieux ; mais n'étant pas eſſentiel à mon but, comme on le verra par la maniére dont ce ſujet ſera traité, je ne me ſuis point fait ſcrupule de l'omettre ; d'autant plus qu'on trouvera les mêmes choſes dites en François, & encore plus éclaircies, dans un Ouvrage publié par un Diſciple de Mr. TURRETTIN ; c'eſt Mr. SERCES, à préſent Chapelain de S. M. B. à Londres. Son Livre a pour titre : *Traité ſur les Miracles, dans lequel on prouve que le Diable n'en ſauroit faire pour confirmer l'erreur.* 8. Amſterd. 1729.

TRAI-

TRAITÉ
DE LA VERITÉ
DE LA
RELIGION
CHRETIENNE.

SECTION IV.

Où l'on fait voir l'excellence &
la beauté de la Religion Chrê-
tienne considerée en elle-méme.

CHAPITRE PREMIER.

INTRODUCTION.

L'ETAT du monde sous le Paganisme a été comme une nuit obscure, où mille fantômes prenans la

A   pla-

place de la réalité, jettoient les peuples dans l'illusion & dans l'égarement. Au milieu de cette nuit brilloient quelques lüeurs repandües çà & là par les Philosophes. En même tems il s'éleva dans un coin de l'Orient une clarté semblable à l'Aurore ; je veux parler de la Loi Judaïque, mêlée encore de beaucoup d'ombres, & ne s'étendant pas fort loin, mais pourtant céleste & précieuse. Enfin le plein jour est venu ; le Soleil a paru, pur & sans nuages ; c'est la lumiere de l'Evangile. *Hebr. I.* *Dieu ayant autrefois parlé à nos Péres en divers tems & en diverses maniéres par les Prophêtes, nous a parlé en ces derniers tems par son Fils.*

Cette nouvelle Révélation, loin d'éteindre la Lumiere naturelle, la fait revivre ; & loin d'abolir la Loi de Moïse, la perfectionne & l'accomplit *. Dieu est toûjours semblable à lui-même, soit qu'il nous éclaire par la Raison, soit qu'il daigne se manifester d'une

---

* Justin Martyr le remarque fort bien dans *ses Reponses aux Orthodoxes* §. 101 en disant, que l'Evangile ne differe point de la Loi Mosaïque pour le fond de la doctrine, mais seulement en

ce

ne autre maniere. Mais au lieu que la Philofophie humaine a été fujette à de grandes erreurs, nous avons ici une Philofophie célefte qui nous guide sû. rement; Et au lieu que l'ancienne Loi laiffoit encore un voile fur plufieurs véritez importantes, nous avons ici une Révélation complette & qui ne laiffe rien à defirer.

Heureufement, plus le fujet devient intéreffant, plus auffi le chemin s'applanit & les preuves fe multiplient. C'eft beaucoup que dans la grande antiquité du Judaïfme, & à travers les ombres de cette Loi, on puiffe encore y démêler autant de rayons de Divinité que nous l'avons fait. Mais l'Evangile éclate par des traits plus brillans. On y trouvera des idées plus nobles, un culte plus pur, des faits mieux liez & plus faciles à éclaircir, à caufe de la proximité des tems & de la multitude des témoins; on y trouvera des Oracles parfaitement remplis, & des effets

A 2

qui

ce que l'une contient les promeffes, & l'autre l'accompliffement. Qu'eft-ce donc que la Loi ? C'eft l'Evangile anticipé. Et qu'eft-ce que l'Evangile ? C'eft la Loi accomplie, qui répondent mieux aux grandes vües de la Providence pour le salut des hommes en général. Comme c'est la derniere Révélation que le Ciel ait destinée aux hommes, il a voulu aussi qu'il n'y manquat rien, ni pour la certitude, ni pour l'excellence.

Afin de nous en convaincre, nous allons entrer dans un Examen, qui aura deux Parties; la Premiere pour considérer la nature & la beauté de la Religion Chrétienne, prise en elle-même, c'est-à-dire, dans ses *dogmes*, dans ses *préceptes* & dans ses *promesses*; la Seconde pour en peser les preuves externes, tirées du caractére personel de JESUS-CHRIST & des Apôtres, de l'accomplissement des Prophéties, des miracles, de l'établissement de cette Religion dans le monde, & des merveilleux effets qu'elle y a produits.

En traitant ces divers points avec assez d'exactitude, nous ne prétendons pas épuiser la matiere. Elle est trop riche & trop relevée, pour que d'aussi foibles efforts que les nôtres ne demeurent pas fort au dessous. Nous n'es-

perons

perons pas non plus de fermer la bouche à ceux qui se plaisent à contredire. Il faudroit ou changer leur tour d'esprit, ou arracher de leur cœur un interêt secret & vicieux qui les rend rebelles à la Vérité. Il y a des gens chicaneurs & malheureusement subtils qui disputent sans fin sur tout ce qui se présente. Il y a des esprits légers qui n'examinent rien à fond. Il y a enfin des personnes tellement gatées par les passions du monde, qu'à coup-sûr elles condamneront tout ce qui les heurte. Que peut-on attendre des gens de ce caractére? La Raison elle-même leur parleroit en vain : Ils sont aussi peu touchez de la Religion naturelle que de la Religion révélée ; l'une & l'autre est trop serieuse & trop gênante pour eux ; ils veulent vivre sans frein, sans discipline & sans régle. Avant que d'être Chrêtien il faudroit être raisonnable. L'examen où nous entrons suppose que l'on a des principes naturels de Religion & de conscience, & que l'on cherche la vérité de bonne foi. Avec de telles dispo-

A 3

sitions

fitions, nous efpérons qu'on trouvera ici de quoi fe fatisfaire, foit par le nombre & la force des preuves, foit par le foin que nous prendrons de dépeindre le Chriftianifme au naturel, foit par la candeur avec laquelle nous balancerons le pour & le contre : Car la vérité n'a point d'interêt à diffimuler ce qu'on lui oppofe ; Elle ne fort que plus brillante de l'épreuve où on la met.

Dieu, qui eft l'Auteur de toute lumiére, veuïlle en répandre fur cet ouvrage, que nous confacrons à fa gloire & à l'édification publique !

CHAPITRE II.

Plan de cette Premiere Partie, fur l'excellence de la Religion Chrêtienne confiderée en elle-même : Et I°. par raport à fes dogmes.

LA Religion Chrêtienne renferme des dogmes à croire, des devoirs à pratiquer, des récompenfes à attendre. Voyons fi à ces trois égards elle a un caractére d'excellence & de beauté qui

qui la rende recommandable par deffus toute autre Religion.

A l'égard des dogmes, les voici
en peu de mots :

Nous croyons qu'il y a un feul Dieu,
Créateur du Ciel & de la terre, & qui
gouverne tout par fa Providence. Que
ce Dieu eft infiniment bon, fage, puiffant & jufte, protecteur de la vertu &
vengeur du crime. Que c'eft un Efprit,
préfent par tout, & qui connoit toutes
chofes. Qu'il veut être connu, aimé &
adoré par les créatures intelligentes.
Qu'après s'être manifefté à tous les
hommes, par les œuvres de la nature
& par les fentimens de la confcience;
il jugea à propos de donner au peuple d'Ifraël une Loi particuliére par le
miniftére de Moïfe. Qu'enfuite, la Religion naturelle étant comme éteinte
par l'horrible Idolatrie & les Superfti-
tions du Paganifme qui fe débordérent
comme un torrent fans que les Philofophes en arrêtaffent le cours ; & la
Loi Mofaïque étant trop bornée ; Dieu
par fa grande bonté a bien voulu étendre, plus loin qu'il n'avoit encore fait,

 le

le secours de la Révélation. Que pour cet effet il a envoyé au monde un grand Liberateur qui est JESUS. Que ce JESUS est le CHRIST ou le MESSIE promis par les Prophêtes, & en même tems le Fils de Dieu. Que le but de sa venüe est de ramener les hommes à la Vérité & à la Justice, & d'annoncer le pardon des péchez & le salut à tous ceux qui croyent & qui se repentent, sans distinction ni de siécles ni de peuples. Qu'il a executé ce grand dessein, soit par la doctrine sainte & toute céleste qu'il a prêchée; soit par le bel exemple qu'il nous a laissé d'une vie pure & innocente; soit par les miracles éclatans qu'il a faits; soit par sa mort, dans laquelle il a scellé de son sang l'Alliance de Grace qu'il annonçoit & s'est immolé comme une victime pour le salut du genre humain; soit par sa resurrection & son élevation dans le Ciel; soit par le *S. Esprit* dont il remplit ses prémiers Disciples, pour publier l'Evangile avec succès, nonobstant les préjugés & les oppositions du monde; soit enfin par les secours

qu'il

qu'il ne cesse de prêter à son Eglise repanduë en tous lieux. Que cette Eglise, divinement fondée subsistera aussi long tems que ce monde visible. Que nôtre ame est immortelle, & que même nos corps ressusciteront au dernier jour; Qu'alors il y aura un Jugement universel, auquel Jesus-Christ présidera, comme celui à qui Dieu a remis une autorité suprême; Et que ce Jugement aboutira à punir les méchans & à recompenser les bons, d'une maniére tout-à-fait proportionnée à ce que chacun aura fait, soit bien soit mal.

Voilà en substance ce que l'Evangile nous propose à croire, comme on peut le recueillir de tout le corps du Nouveau Testament, & en particulier de deux discours remarquables; l'un est celui que S. Pierre tient aux Juifs dans le Chap. II. des *Actes des Apôtres*, & l'autre celui de S. Paul aux Atheniens qu'on lit au Chap. XVII. du même Livre. On peut juger aussi que la créance de la primitive Eglise se réduisoit à ces points là, par le *Symbole des Apôtres*, qui est le Formulaire

A 5

de

de Foi le plus ancien & le plus univerſellement reçû. Nous n'avons garde de nous éloigner de cette premiere ſimplicité†. Outre qu'il n'eſt que trop à craindre qu'à force de ſubtilitez & de diſputes, l'homme n'ait mêlé du ſien à l'ouvrage de Dieu; on comprend bien qu'un Traité comme celui-ci n'eſt pas fait pour entrer en des controverſes particulieres. Il ne s'agit que d'expoſer ſimplement & nüement ce qui d'un commun aveu apartient à l'eſſence du Chriſtianiſme, & de plaider la cauſe de l'Egliſe en général; après quoi chacun verra aiſément à quelle partie de ce grand Corps il doit ſe ranger pour y trouver le pur Evangile.

En nous en tenant donc à ce précis de la Foi Chrêtienne, il nous paroit qu'une telle doctrine a par elle-même un caractére frapant de beauté & de Divinité; 1°. en ce qu'elle ne préſente rien à l'eſprit que de grand &

de

---

† C'eſt ce qu'ERASME ſouhaitoit que l'on fit toûjours: *Libellos de Philoſophia Chriſtiana conſcriptos paſſim circumferri velim, in quibus purus ille* CHRISTUS *depictus ſit, non ceremoniis Judaïcis, non commentis*

aut

de fublime.   2°. En ce qu'elle s'accorde parfaitement avec la droite Raifon.   3°. En ce qu'elle fupplée heureufement à ce que la Raifon feule ne pouvoit pas découvrir, pour les befoins & la guérifon de l'homme.   4°. En ce qu'elle furpaffe de beaucoup ce qu'il y a eû de plus diftingué dans le Paganifme.   Enfin, en ce qu'elle fournit tout ce qui manquoit au Judaïfme de perfection & de clarté.   Je ne vois pas que l'on puiffe rien defirer de plus d'une Révélation divine.

CHAPITRE III.

De l'excellence des dogmes qui viennent d'être propofez.

LA Doctrine Chrêtienne, telle qu'on vient de l'expofer, a de quoi nous fraper d'abord par fa fublimité & fon importance.   Quels objets nous met-elle devant les yeux ? Le Créateur de l'Univers, fa nature, fes deffeins,

fa

aut decretis hominum obnubilatus, denique non tetricus & afper, fed ut eft blandus & amabilis. ERASM. *Præfat. Paraph. Nov. Teft.* Voyez auffi fa belle Préface fur S. HILAIRE.

ſa Providence. Elle nous apprend à qui nous devons l'être, & à qui il faudra rendre compte de nôtre conduite. Elle nous découvre d'où procédent nos miſéres, quel en eſt le reméde, où il faut chercher le ſouverain bien, quelle eſt nôtre deſtination & nôtre derniére fin. Il ne s'agit pas moins que d'une Alliance divine, de l'immortalité & du ſalut. Jamais rien de ſi grand n'a été propoſé par les Orateurs, ni par les Philoſophes; jamais rien de ſi relevé n'a occupé les conſeils des Politiques. Les points ſur quoi l'Evangile prend à tâche de nous inſtruire, ſont ſans contredit ceux ſur leſquels les gens ſages ont toûjours ſouhaité le plus d'être inſtruits *, & ſur quoi en effet il nous importe le plus de l'être. Toutes les autres Sciences ne ſont rien au prix de celle-là. Si quelque choſe méritoit que Dieu ſe révélât aux hommes, c'eſt aſſûrément pour les

éclai-

---

* C'eſt ce que PERSE reconnoit fort bien quand il dit dans ſa *Satire III*. ℣. 66.

Diſcite, ô miſeri, & cauſas cognoſcite rerum,
Quid ſumus, & quidnam victuri gignimur, ordo
Quis datus --- &c.

éclairer fur de telle matieres; & c'eſt déja un grand préjugé pour cette doctrine que de voir qu'elle s'attache préciſément à ce qu'il y a de plus grand & de plus relevé. Tant d'Oracles vantez dans le Paganiſme comme venans du Ciel ne rouloient que fur de petits ſujets; & quelle apparence que la Divinité voulut intervenir pour des choſes de cette nature ? Ici tout eſt digne de Dieu; Tout eſt néceſſaire & infiniment intéreſſant pour l'homme; On n'y trouve rien de bas, ni de frivole, comme par tout ailleurs. Cela ſeul eſt déja un trait de la Majeſté divine.

2°. Cette doctrine n'a rien qui ne s'accorde avec la droite Raiſon. En pluſieurs points c'eſt le pur rétabliſſement de la lumiere naturelle. En d'autres, ce ſont des myſtéres que la Raiſon ſeule n'auroit pas découverts; mais à quoi elle n'aporte point d'opoſition lors qu'ils nous ſont révélez. Au premier égard, je veux dire, ſur ce que nous trouvons ici le pur rétabliſſement de la Religion naturelle, il eſt remarqué dans S. JEAN Chap. I. que la même

me

me *Parole*, la même *Raiſon* ou Sageſſe Divine qui s'étoit peinte dans les ouvrages de la nature, & qui parloit à la conſcience ; nous parle auſſi dans l'Evangile, n'ayant fait pour cela que changer de méthode, en prenant la forme d'un Docteur viſible pour nous inſtruire humainement & pour ſe mettre mieux à nôtre portée. Tout ce que JESUS - CHRIST nous aprend de DIEU, de ſa nature, de ſes perfections, du culte qui lui eſt dû, des fondemens de la Morale, de l'excellence & en même tems des miſéres de l'homme, de l'immortalité de l'ame, du ſalaire de la vertu, de la punition du crime, tout cela n'eſt que le langage de la plus pure Raiſon ; langage dont l'on trouve bien des traces diſpercées çà & là chez les anciens Philoſophes, mais qui n'étoit nulle part auſſi diſtinct ni auſſi étendu qu'il l'eſt ici.

A cela ſe joignent quelques articles qu'on ne peut connoître que par la Révélation, parce que ce ſont des choſes de fait, ou des ſecrets que Dieu ne nous a pas découverts naturellement.

Mais

Mais ces articles de Foi, pour être au-dessus de la Raison, n'y sont pas contraires, comme on le fera voir en son lieu.

3°. En parlant du besoin que nous avions d'une Révélation divine & des caractéres qu'elle doit avoir, nous remarquions que son effet ne doit pas être seulement de faire revivre la lumiére naturelle, mais encore d'y joindre les nouveaux secours que demande un état de corruption tel que le nôtre. Si l'homme étoit demeuré sain & entier, il n'auroit eû besoin que d'un régime naturel pour se maintenir. Mais dans le dépérissement où il est tombé, il lui faut des remédes extraordinaires; Il faut que la Grace aide & restaure la Nature. La conscience du pécheur allarmée souhaite des gages visibles de la miséricorde de Dieu, & sa foiblesse demande des secours d'un genre particulier. C'est ce qu'on trouve dans l'économie de Foi & de Grace que l'Evangile annonce. Rien n'y manque de tout ce qui peut servir à la consolation & à la guérison de l'homme. 4°.Que

4°. Que l'on compare enfuite ce plan de doctrine avec ce qui a été reçu chez les Payens, & même avec ce qui fortoit de la bouche de leurs plus habiles Philofophes ; quelle difproportion ! Les Nations les plus civilifées, infiniment éloignées de ce que nous voyons ici, font tombées dans des erreurs fi groffieres & fi bizarres, que la Raifon en a honte. Et qu'ont avancé ceux qui étoient réputez Sages parmi eux ? Nous l'avons vû dans la Prémiere Section. Ce n'étoit que doutes, qu'incertitude, que mêlange de vrai & de faux, que vain babil, que lâcheté quand il s'agiffoit de réprimer les abus populaires. Qu'on raffemble tout ce qu'ils ont dit de meilleur ; ce ne feront que de foibles lüeurs, en comparaifon des véritez fi claires, fi folides, fi étendues, que l'Evangile contient.

5°. Si l'on veut auffi fe rapeller ce qu'il y avoit de défectueux dans le Judaïfme, on trouvera que l'Evangile y fupplée & acheve heureufement l'édifice qui étoit commencé. Tous les

vui-

vuides en sont remplis; Tout ce qui n'étoit que pierre d'attente reçoit sa perfection. Le service rituel étoit une sorte d'énigme pour l'esprit humain; Cet énigme se debrouïlle; Nous en avons la clé; Nous voyons que ce n'étoit que comme des rudimens avec quoi l'on instruit des enfans en bas âge, & des figures de ce qui devoit arriver un jour. Les Oracles de l'Ancien Testament se raportoient au MESSIE qui devoit venir; Dans l'Evangile nous trouvons ces Oracles remplis; le MESSIE est venu, & avec lui nous sont données dans leur entier la *Vérité* & la *Grace,* réservées au tems de sa venüe; avec lui nous sont données des promesses plus excellentes que celles de l'Ancienne Loi; & cela non seulement à un peuple, mais à tous les peuples généralement. La Loi de Moïse étoit visiblement une économie de préparation; L'usage & la fin de cette économie se dévelopent sous la nouvelle Loi. Sans l'Evangile, il y resteroit beaucoup d'ombres; Avec la clarté de l'Evangile, ces ombres disparoissent. Ce ne

S. Jean I.

B

font

ſont pourtant pas deux Révélations op-
poſées. L'une n'eſt que la continuation & le ſupplément de l'autre. C'eſt
la même lumiere qui croit par degrez,
en partant de la même ſource. Mais
cette lumiere, quoique la même dans
le fond, ne laiſſe pas d'avoir beaucoup plus d'éclat ſous le Nouveau
Teſtament ; de ſorte que, pour avoir
quelque choſe de complet, il ne faut
point les ſéparer.

CHAPITRE IV.

*Où l'on conſidére l'excellence de la Foi
Chrétienne plus en détail, & 1°.
par raport à la connoiſſance du vrai
Dieu.*

JUſques ici nous n'avons enviſagé le
Chriſtianiſme que d'une vüe générale. Mais comme il y a des articles
qui demandent une attention particuliére, ſoit par leur importance, ſoit
parce qu'il s'y rencontre quelques difficultez ; il ſera bon de pouſſer plus
loin nôtre examen.

Et d'abord, quel coup de lumiére
que

que cette connoiſſance ſi exacte du vrai Dieu, repandüe par le moyen de l'Evangile ! On ne ſauroit nier que les idées que nous en avons ne ſoient les plus juſtes, les plus nobles, & en même tems les plus naturelles qu'on puiſſe imaginer ; & toutefois ces idées ſi naturelles n'étoient preſque pas ve-nües dans l'eſprit des hommes, tant les peuples étoient demeurez dans une ſtupidité inconcevable ſur ce point: „ Les Grecs & les Romains, (*dit* Mr. „ *De Cambrai*, *) adoroient des Di-„ vinitez qui étoient fort au-deſſous de „ l'idée que nous avons de l'honnête „ homme. Perſonne ne voudroit avoir „ un pére auſſi vicieux que Jupiter, „ ni une femme auſſi inſuportable que „ Junon, encore moins auſſi infame „ que Venus. Qui voudroit avoir un „ ami auſſi brutal que Mars, ou un „ domeſtique auſſi larron que Mercure? „ Ces Dieux ſemblent inventez tout ex-„ près par l'ennemi du genre humain, „ pour autoriſer tous les crimes, & „ pour tourner en dériſion la Divinité,,.

B 2

II

* Réflexions ſur la Poëtique & la Rhetor. §. X.

Il eſt vrai que les Philoſophes ſentoient
aſſez le ridicule de ces fables ; Mais de
leur côté que propoſoient-ils de mieux ?
Les uns ne connoiſſoient d'autre Divinité que le monde même , qu'ils
croyoient éternel.   Les autres ne ſentoient pas combien il y a d'abſurdité
à dire que le monde ſe ſoit formé de
lui-même & par hazard ; Ils ne poſoient
des Dieux que de nom , ſans leur laiſſer aucun pouvoir ni aucune influence
ſur le gouvernemenr du monde. Pluſieurs n'établiſſoient qu'un Deſtin éternel & immuable.   Et ceux qui apro-
choient le plus de la vérité , n'en parloient qu'en bégayant , ſans avoir
de ſentiment fixe ni arrêté là-deſſus.
Encore ces étincelles ſe renfermoient-
elles dans leur Ecole ; le peuple n'en
profitoit point.   Où en ſeroit le monde , ſi une autre voix que la leur
ne s'étoit fait entendre ? PAUL &
BARNABAS étant allés à *Lyſtre*, &
y ayant fait un miracle , tout le monde eut les yeux ſur eux ; & s'imaginant que c'étoient Jupiter & Mercure
deſcendus en terre , on alla juſqu'à
vou-

Actes
XIV.

vouloir leur offrir des sacrifices. Que firent ces deux saints hommes ? Embrasez de zéle, & mettant au jour des véritez que ce peuple n'avoit jamais ouïes : *O hommes, s'écriérent - ils, pourquoi faites vous cela ? Nous ne sommes que des hommes comme vous, sujets aux mêmes infirmitez ; & nous vous annonçons qu'abandonnant ces choses vaines, vous vous convertissiez au Dieu vivant qui a fait le Ciel & la terre, la mer & tout ce qu'ils contiennent ; qui, dans les siecles passez a laissé marcher toutes les nations dans leurs voyes, & néanmoins il n'a point cessé de rendre témoignage de ce qu'il est, en faisant du bien aux hommes, en dispensant les pluyes du Ciel & des saisons fertiles, en nous donnant la nourriture avec abondance, & remplissant nos cœurs de joye.* De même, quoique la ville d'Athénes fut la mére des sciences & des beaux arts, Athénes eut besoin que S. PAUL vint lui ouvrir les yeux, & lui faire cette leçon, à la honte des Sages de l'Areopage : *Le Dieu qui vous est inconnu & que je vous an-*

Actes XVII.

B 3   *non-*

nonce, est celui qui a fait le monde & tout ce qu'il renferme; lequel étant le Seigneur du Ciel & de la terre, n'habite point dans des Temples que l'homme a faits, & n'est point servi par nos mains comme s'il avoit besoin de quelque chose, lui qui donne à tous la vie, la respiration & tous les biens qu'ils possèdent. Il a fait naître d'un seul sang tout le genre humain, pour habiter sur toute l'étendüe de la terre, ayant determiné les tems précis & les bornes de leur habitation, afin qu'ils cherchent le Seigneur, pour le trouver, s'il est possible, comme en tatonnant, quoi qu'il ne soit pas loin de chacun de nous; car c'est par lui que nous avons la vie, le mouvement & l'être, & selon que quelques-uns de vos Poëtes l'ont dit, nous sommes la race de Dieu. Puis donc que nous sommes la race de Dieu, nous ne devons pas croire que la Divinité ressemble à l'or, à l'argent ou à la pierre dont l'art humain fait des simulacres. Mais Dieu ne prenant point garde à ces tems d'ignorance, ordonne presentement, en tous lieux, & à tous les hommes,

mes, *de se convertir.* Ainsi parle S.
PAUL. D'où vient que *Platon, Aristote,
Zénon, Epicure,* & tous ces Sages si
vantez n'avoient point sçu, ou n'avoient
point osé dire aux Athéniens ce qu'un
disciple de JESUS vient leur aprendre ? D'où vient que l'on n'entendoit
rien de pareil dans le *Portique,* ni
dans le *Lycée* ? Il nous semble à présent que le seul bon sens suffisoit pour
parler ainsi ; C'est un langage que nos
enfans savent, & qui n'a rien de nouveau pour nous. Mais par où ce langage nous est-il devenu si familier ?
Un Astre qui s'est levé, a répandu
toute cette lumiere que nous voyons
dans le monde. On en est revenu
au vrai, parceque JESUS-CHRIST
nous y a ramené ; en quoi il a plus
fait que tous les Philosophes ensemble. Ecoutons ARNOBE disputant
contre les Payens : ,, Si vous avez
,, érigé des Autels à *Céres,* à *Escu-*
,, *lape* & à *Hercule,* à cause de quel-
,, que bien qu'ils ont fait aux hom-
,, mes ; ne doit-on pas rendre de plus
,, grands honneurs à JESUS-CHRIST,

Arnob.
Lib. I.

B 4   ,, lui

,, lui qui nous a ramené de l'erreur à
,, à la vérité, qui nous a fait connoi-
,, tre ce que nous sommes, (& ce qui
,, surpasse tout autre bienfait) qui nous
,, a desabusé des faux cultes, & nous
,, a apris à mepriser les Idoles viles &
,, impuissantes, pour tourner nos yeux
,, vers le Ciel, & invoquer celui qui
,, est le Maître de toutes choses? N'a-
,, gueres (ô detestable aveuglement!)
,, j'adorois des simulacres sortis de la
,, forge, fabriquez avec l'enclume &
,, le marteau, ou faits d'une dent d'é-
,, lephant. Si quelque vieille Statüe
,, nichée dans un tronc d'arbre, ou une
,, pierre lisse & frottée d'huile, s'offroit
,, à ma vüe, aussi-tôt je courois me
,, prosterner devant elle; Je l'adorois
,, en tremblant; & à ce que je pre-
,, nois pour des Dieux, je leur fai-
,, sois l'injure de les confondre avec
,, la pierre & le bois, ou de croire au
,, moins qu'ils habitoient en de pareil-
,, les matieres. Présentement que j'ai
,, eû le bonheur d'être instruit par un
,, grand Maître, je sais regarder ces
,, choses de l'œil qu'elles méritent, &

,, je

,, je n'ai garde de proſtitüer ſi indigne-
,, ment le Sacré Nom de Dieu . . . .
,, Voulez - vous donc ſavoir en deux
,, mots ce que c'eſt qu'un Chrêtien?
,, C'eſt un homme qui a apris de JESUS-
,, CHRIST à n'adorer que le Roi du
,, monde. Voilà nôtre Religion. N'y
,, cherchez pas autre choſe. Tout ce
,, qui ſe pratique parmi nous ſe rapor-
,, te là. C'en eſt le principe & la fin ,,.

L'Evangile qui a ſi bien confondu les
folies du Paganiſme, a auſſi quelque
avantage ſur le Judaïſme par raport à
l'idée qu'on doit ſe former de Dieu ;
en ce qu'il met mieux au jour trois de
ſes perfeƈtions, ſa *ſpiritualité*, ſon *im-
partialité*, & ſa *clémence*.

Certaines expreſſions de l'Ancien
Teſtament touchant la Divinité , jointes au culte matériel qu'on lui rendoit,
pouvoit en laiſſer prendre des idées
groſſiéres, quand on ne perçoit pas cette
écorce. Il ne reſte rien de ſemblable
dans l'Evangile. La Divinité nous y
eſt clairement dépeinte, comme un Eſprit entierement dégagé de la matiere ;
& le ſervice que nous lui rendons ne

B 5

nous

nous fait rien concevoir que de très pur dans son essence. *Dieu est Esprit, & il faut que ceux qui l'adorent l'adorent en esprit & en vérité.*

Sous l'Ancien Testament, Dieu avoit restreint son Alliance à un seul peuple; ce qui sembloit ne pas répondre à cet œil impartial avec lequel on conçoit que le Créateur doit regarder toutes ses creatures. Aussi n'étoit-ce qu'une économie à tems. Le mur de séparation a été enfin rompu; Toutes les Nations, sans distinction de langue, ni de climat, sont admises à l'Alliance Evangélique. En CHRIST il n'y a plus de différence de Juif ni de Grec. *Dieu est-il seulement le Dieu des Juifs?* dit S. PAUL. *Sans doute il l'est aussi des Gentils. Car il n'a point d'égard aux qualitez extérieures des hommes. L'Evangile de* CHRIST *est la puissance de Dieu pour le salut de tous ceux qui croyent, prémierement des Juifs & ensuite des Grecs.* JESUS l'avoit déja fait entendre à la femme Samaritaine, quand elle lui disoit: *Nos Péres ont adoré sur la montagne de Garizim, &*

vous

vous dites , que le lieu où il faut ado-rer eft Jerufalem : Voici, répond Nô-tre Seigneur , *le tems eft venu où il n'eft plus queftion d'adorer le Pére fur cette montagne ou à Jerufalem. Mais on l'adorera en efprit & en vérité. Car tels font les adorateurs que le Pére demande.* Sur ce pié là , tous les lieux du monde font propres à être confacrez à Dieu , comme au Bienfai-teur commun du genre humain ; & la Terre entiére n'eft plus qu'un feul Tem-ple où tous les peuples doivent invo-quer fon nom. *Je vois bien ,* dit S. Pierre au Chap. X. des Actes, *que Dieu ne fait point acception des perfon-nes , mais qu'en toute Nation celui qui le craint , & qui s'attache à la juftice, lui eft agréable.* Que de grandeur dans cette doctrine !

Enfin , au lieu que dans l'Ancien Teftament Dieu étoit le plus fouvent repréfenté comme un Maître redouta-ble, comme un Dieu vengeur, le *Dieu fort, l'E`ternel des armées ;* il fe mon-tre dans l'Evangile fous un vifage p'us ferein, comme un Dieu plein de com-

paf-

paſſion & de tendreſſe pour ſes creatures, comme enclin à pardonner, & *qui*
a tant aimé le monde, qu'il a envoyé
ſon Fils au monde pour nôtre ſalut. Il
ſe montre moins comme un Maître que
comme un *Pére*; il en prend le titre,
& nous donne le droit d'être appellez
ſes *enfans.* Nous l'invoquons en cette
qualité, & dès que nous recourons à
lui, avec humilité & repentance, l'accès au trône de grace nous eſt toûjours ouvert. *Nous n'avons point re-*
çu un eſprit de ſervitude pour être en-
core dans la crainte, mais un eſprit
d'adoption pour lui dire Nôtre Pére.
Nous le ſervons, non par contrainte,
mais avec cet amour filial qui rend l'o-
béïſſance ſi prompte & ſi aiſée. Qu'eſt-
ce que l'Egliſe? Une famille ſainte,
dont DIEU eſt le Pére, & JESUS le
prémier-né; Nous ſommes tous *freres*
en lui. La Religion étant faite pour
unir l'homme à Dieu, & pour unir les
hommes entr'eux, pouvoit-on jamais
établir des rélations plus douces & en
même tems plus fortes, que celles-là?
& par conſéquenr, quoi de plus pro-

pre

Rom.
VIII.15.

pre à rendre la pieté vive, pure &
affectüeuse, ce qui est le caractére de
la vraye Religion ?

CHAPITRE V.

De ce que l'Evangile nous enseigne tou-
chant la nature de l'homme & sa
destination.

APrès la connoissance du Créateur,
il n'y en a point de si importante que celle de nous-mêmes. Quelle
est la nature de l'homme ? Pourquoi
est-il né ? Doit-il vivre sans régle &
sans discipline ? En quoi consiste son
bonheur ? A quelle fin doit-il tendre ?
Ce sont là autant de questions qui ont
exercé les Philosophes, & sur lesquelles
plusieurs d'entr'eux ont fait d'horribles
écarts. L'Evangile répond à ces questions de la maniere la plus juste & la
plus naturelle. Il nous aprend que
l'homme est une creature composée
d'une partie terrestre & corruptible,
qui est le *corps* ; & d'une autre partie
céleste & incorruptible, qui est l'*ame.*

Sans

Sans entrer dans des raifonnemens ab-
ftraits fur la nature de l'ame, il ne laiffe pas d'en dire affez pour établir clairement qu'elle eft diftincte du corps,
& qu'elle doit lui furvivre *; A cet
égard la Foi Chrétienne s'accorde avec
la Philofophie la plus épurée ; mais
avec cet avantage, qu'elle eft propre
à en perfuader le peuple ; au lieu que
la fimple Philofophie ne fraperoit que
des efprits pénétrans, & encore avec
affez d'incertitude.   Sur ce pié-là,
fi l'on demande pourquoi l'homme eft
né ? nous fommes en état de répondre, que ce n'eft point pour mener
une vie animale, comme plufieurs fe
l'imaginent.   La partie fpirituelle de
nous-mêmes étant la plus noble, demande auffi tous nos foins.   Les biens
de l'efprit étant préférables à ceux du
corps, c'eft principalement de ce côté
là que fe doivent tourner nos recherches.   Nous fommes faits pour nous
élever au Créateur, pour connoître la
véri-

---

* Quand il n'y auroit que ce mot de JESUS-
CHRIST, Matth. X. 28. *Ne craignez point ceux
qui ôtent la vie du corps, & qui ne peuvent ôter
celle de l'ame &c.* . .

vérité, pour pratiquer la vertu. En cela consiste uniquement la gloire & le bonheur de l'homme.

Mais à quoi connoit-on que l'homme est né pour une telle fin ? On le connoit aux facultez dont il est doüé, & à des sentimens que sa corruption même n'a pû éffacer de son ame. Descendons en nous-mêmes ; nous trouverons que nôtre cœur aspire à quelque chose de plus grand que tout ce qui se voit sur la terre ; les biens de ce monde ne sauroient nous contenter ; le dégout en suit bien-tôt la possession. Nôtre intelligence embrasse l'avenir, aussi-bien que le présent & le passé ; l'éternité n'est pas trop pour elle ; elle porte sa vüe jusques sur l'infini. Pourquoi l'homme auroit-il reçu un esprit si vaste, s'il n'étoit destiné qu'à vivre comme les animaux ? Nous sommes doüez de liberté & de raison. A quoi bon ces facultez, s'il n'étoit pas vrai que nous devons agir avec choix & discernement, avec régle & mesure ? Comme il y a dans nôtre ame des principes pour discerner le vrai du faux,

faux, il y en a auffi pour difcerner le jufte de l'injufte; Ces derniers principes ne font pas moins évidens que les prémiers; ils fe trouvent gravez naturellement dans le cœur de tous les hommes; c'eft ce qu'on appelle la *confcience*. Pourquoi ces principes ont-ils été mis en nous par le Créateur, finon pour nous fervir de Loi? Et pourquoi, en allant contre cette lumiere, fent-on des reproches interieurs? pourquoi en la fuivant fent-on une fatisfaction fecrette, finon pour nous avertir, ou que nous fommes dans l'ordre, ou que nous l'avons violé? A ne confulter donc que les lumieres de la Nature, on voit que l'homme eft fait pour entrer dans un plan de Vie Morale, & qu'il eft appellé à rendre compte de fes actions, non feulement aux Juges humains, mais au Juge fuprême, prémier Auteur de toutes les bonnes Loix. Cette vérité, qui n'a été reconnüe qu'à demi par les Philofophes, *Rom.* II. bien qu'elle foit de la derniere importance, eft clairement pofée dans l'Evangile: Ecoutez S. PAUL: *Quand*

les

les Gentils qui n'ont point la Loi , font naturellement ce qui est conforme à la Loi , n'ayant point de Loi, ils se tiennent lieu de Loi à eux-mêmes , & ils font voir que les commandemens font écrits dans leurs cœurs , puisque leur conscience leur rend témoignage, & que les diverses pensées qu'ils ont les accusent , ou les défendent.

Mais si l'homme est né pour suivre des Loix , & que son bonheur consiste à s'unir à Dieu en pratiquant la vertu; d'où vient que Dieu laisse les gens de bien dans la soufrance , & ne fait pas éclater hautement sa justice contre les méchans? Les Payens étoient embarrassez pour répondre à cette question. Mais nous ne le sommes pas , sachans que nos destinées ne se bornent point à la vie présente, comme on l'expliquera ailleurs. Dès lors qu'on ne s'étonne plus, ni des tentations qui nous environnent; elles font nécessaires pour exercer la vertu ; ni de la confusion qui semble régner entre les bons & les méchans; cette confusion se demêlera un jour ; La Providence permet à pré-

C

fent

sent cette confusion, parce qu'elle a voulu nous mettre pour un tems dans un état d'épreuve. Il ne faut donc pas que les bons se rebutent, comme aussi les méchans n'ont pas sujet de s'enorgueillir. Il y aura un dénouement qui remettra tout dans l'ordre. Voilà le système de l'homme, selon l'Evangile. Quoi de plus beau? Et la Philosophie Morale fut-elle jamais posée sur de meilleurs fondemens?

L'Evangile ne se contente pas de dépeindre les prérogatives de l'homme. Il le montre aussi par son côté foible, ce qui n'est pas moins nécessaire. Quand il nous parle du genre humain comme d'un corps malade, & qui a besoin de secours; que dit-il que les gens sages de tous les siecles n'ayent reconnu & souvent déploré? L'horrible dans ce qu'elle propofoit. Le penchant des hommes au mal ne fe manifefte que trop dès l'enfance. Il n'y a per- fonne qui n'éprouve cette révolte des fens contre la Loi de l'entendement, & ce *combat de la chair contre l'efprit,* dont parle S PAUL. S'il y a de la grandeur en l'homme, il y a auffi de la baffeffe. Il eft capable des connoif- fances les plus fublimes; il a des idées de l'infini; il a une eftime invincible pour la vérité & pour la vertu; il a une telle ardeur pour la félicité, & en même tems une ambition fi haute, que rien dans ce monde n'eft capable de la remplir. Mais voyez ce même hom- me égaré dans l'erreur & dans le dou- te, capricieux, déréglé, plongé dans le vice, démentant par fa conduite tou- tes les lumieres de fon efprit, fe li- vrant à fes appétits charnels, fe laiffant gouverner par la paffion; Quel mê- lange honteux de force & de foibleffe! Cette creature faite pour l'immortalité eft pourtant expofée à mille fortes de befoins & de douleurs, en proye à des foucis & à des craintes, & enfin

Rom. VII.

C 2　　　　fu-

ſujette à la mort.   Quelles contrarie-
tez ! Les Philoſophes en ont cherché
la raiſon , ſans pouvoir ſe ſatisfaire.
L'Evangile réſoud cette énigme. Nous
y aprenons , d'un côté, que l'homme a
été créé avec des facultez excellentes ;
De-là ces reſtes de dignité qu'on remarque en lui ; il ſe reſſent encore de la
nobleſſe de ſon extraction * ;   Etant
fait pour le Ciel , que peut-il trouver
ſur la terre qui rempliſſe ſes deſirs ?
D'un autre côté , l'homme pétri de
chair & de ſang a laiſſé prendre trop
d'empire ſur lui aux objets ſenſibles ,
& n'a fait que dégénérer & ſe corrompre. De-là cette foibleſſe héréditaire ;
De-là ſes maux ſi compliquez ; C'eſt
une nature abatardie. Il faut donc la
renouveller , & mettre en elle un nouveau germe de ſainteté & de vie. C'eſt
une conſtitution alterée ; Il faut tra-
vailler à ſa guériſon. C'eſt une creature noble dans ſon origine, mais degra-
dée & qui a beſoin qu'on la réhabi-
lite dans ſes prémiers droits. Le grand
Méde-

* Voy. ABBADIE Tom. II. p. 379. V. Tableau
de la Religion Chrétienne.

Médecin qui nous parle ainfi de nôtre état, montre qu'il le connoit bien, & qu'il eft plus capable qu'un autre d'y remédier.

CHAPITRE VI.

De la venüe de JESUS-CHRIST *au monde,* & *de fa Nature Divine.*

JUfques ici nous avons vû comment l'Evangile éclaircit & confirme les principaux points de la Religion Naturelle, ce qui eft le prémier effet qu'on doit attendre d'une Révélation. Confiderons maintenant ce qu'elle y ajoute, pour mieux retirer l'homme de cet état de corruption & de mifére, où nous avons vû qu'il eft tombé.

Ici commence un nouvel ordre de véritez, qu'on nomme *les myftéres,* c'eft-à-dire, comme l'explique S. PAUL, des chofes cachées que la Sageffe Divine n'a mifes au jour que dans un certain tems, & que l'homme ne pouvoit pas connoître de lui-même. Ce font

1.Cor. 11.

 des

*des choſes que l'œil n'avoit point vües,
que l'oreille n'avoit point entendües,
qui n'étoient jamais venües dans l'eſprit
humain, & que Dieu a préparées à ceux
qui l'aiment. C'eſt ce qu'il nous a ré-
vélé par ſon Eſprit.*

Mais quoique ces véritez ſoient d'un
ordre ſurnaturel, elles ne répugnent
point aux lumieres de la nature. La
plûpart conſiſtent en *faits*, qui ne ſont
point incroyables, dès qu'ils ſont bien
atteſtez. D'autres conſiſtent en de certains *dogmes* qui nous paroiſſent obſcurs, ſoit parce que nôtre pénétration
ne les auroit pas découverts, n'étant
pas du rang des choſes connües par
la ſeule Raiſon ou par l'expérience ;
ſoit parce que ces dogmes regardent
les profondeurs de l'Etre infini qu'il
ne nous apartient pas de ſonder ; ſoit
enfin parceque l'Ecriture Sainte ne
prend point à tâche de nous expliquer à fond ces points là ; ſans doute,
parce qu'il ne nous eſt pas néceſſaire
de les comprendre dans toute leur
étendüe.

Mais quoique ces Myſtéres paſſent

les

les bornes de nos connoiſſances naturelles, on ne doit pas les regarder
comme déraiſonnables. Si la Raiſon ſe
tait là-deſſus, elle ne les condamne
pourtant pas. On n'y trouve rien non
plus qui ſoit indigne de Dieu. Au
contraire tout y eſt grand, & propre
à rendre la Religion plus ſublime,
plus efficace & plus conſolante. Ce
ſont des additions à la Loi de nature;
mais des additions telles, qu'au lieu
de la défigurer, elles en rempliſſent
les vuides, & ne font que lui donner
plus de poids & de force.

Il a été prouvé ci-deſſus, que le
genre humain, dans l'état déplorable
où il étoit réduit, avoit beſoin de guériſon. Cette guériſon ne pouvoit ſe
faire ſans que la Providence y inter-
vint extraordinairement. Il falloit pour
cela un Docteur tout autre que les
Docteurs ordinaires. Les Juifs s'y at-
tendoient, & pluſieurs mêmes d'entre
les Payens en ſentoient la néceſſité. On
a oüi un diſciple de *Socrate* dire à ſon
Maître: *Qu'il vienne ce Perſonnage* Ci-deſ-
envoyé de Dieu, lequel doit nous inſ- ſus *Sect.*
I. *Ch.* 4.

C 4   *truire*

truire des choses divines. Quant à moi, je suis prêt à le recevoir, & même j'es-pére que le tems de sa venüe n'est pas fort éloigné. L'accomplissement de ce souhait, si naturel & si sage, est pré-cisément ce que l'Evangile nous annonce.

Comme il s'agissoit de nous aporter les dernieres volontez du Ciel, & de réconcilier le monde à Dieu, on comprend bien que le *Sauveur du monde* devoit être d'un ordre très-éminent, & qui effaçat tout ce qui avoit paru jusqu'alors.

Aussi JESUS, qui est ce Personnage si long-tems desiré, n'a pas seulement égalé les prémiers d'entre les Prophétes. L'Ecriture lui donne les titres les plus augustes. Elle dit, qu'il est le CHRIST ou le MESSIE prédit dans l'Ancien Testament. Elle raporte de lui qu'il a été sanctifié & distingué des autres hommes dès le sein de sa mére, étant né miraculeusement & d'une façon qui marque en lui une extraction pure & toute céleste. Elle dit de lui qu'il est le *Fils de Dieu,* non dans un sens

V. Lac-tance L. IV. c.25.

Idem, L. IV. c.8

ſens groſſier, comme ce terme de *fils* ſe prend parmi les hommes, mais dans un ſens ſpirituel & ſublime; Qu'il eſt *la ſplendeur de la gloire de Dieu,* & *l'image empreinte de ſa perſonne,* enſorte que l'on peut connoitre le Pére qui eſt inviſible par le Fils qui a paru viſiblement; qu'en lui on a vû ~~Dieu~~ *manifeſté en chair;* & tous *les tréſors de la ſageſſe & de la ſcience qui étoient auparavant cachez;* qu'en lui *réſide corporellement toute la plénitude de la Divinité;* qu'en lui a brillé cette Sageſſe Souveraine, cette même *Parole* ou *Raiſon* divine *par laquelle le monde a été fait;* en un mot que la Nature Divine avec toutes ſes perfections, s'eſt unie intimément avec l'humanité de Jesus-Christ.

Hebr. I.

Col. I. 15.

Coloſ. II.

S. Jean I.

Si l'on demande quelle ſorte d'union il peut y avoir entre deux Natures ſi diſproportionnées, nous avertirons d'abord qu'il faut bien ſe garder de rien imaginer ici qui dégrade la Divinité, comme ſi elle avoit ſouffert quelque altération ou quelque mêlange. Le Concile de *Chalcedoine* s'eſt expliqué net-

nettement là-deſſus †. On ne dit point que Dieu ſoit devenu homme, ou qu'un homme ſoit Dieu. Cela ſeroit abſur-de. Il nous paroit même que c'eſt parler improprement, que de dire, comme on fait quelquefois dans le ſty-le Oratoire, qu'un Dieu nous eſt né, qu'un Dieu a ſouffert pour nous, par-ce que la Divinité eſt toûjours impaſſi-ble & immuable. Mais que Dieu ſans changer ſon eſſence, ſe ſoit uni à un homme auſſi étroitement qu'il eſt poſ-ſible ; & que par ce moyen la Souve-raine Sageſſe, qui n'étoit pas ſuffiſam-ment connüe par les œuvres de la Na-ture, où elle s'eſt pourtant dépeinte, ſe ſoit venüe manifeſter plus clairement pour nôtre ſalut ; qu'y a-t-il en cela qui paſſe le pouvoir de la Divinité, ou qui ne ſoit digne de ſa bonne Provi-dence ?

Les Juifs n'ont pas droit de ſe ré-crier là-deſſus, comme ſi c'étoit une

nou-

---

† Ce Concile reputé le IV. Univerſel, condam-ne les *Throphaſchites*, c'eſt-à-dire, ceux qui diſoient que la Divinité même a ſoufert en JESUS-CHRIST, & les *Eutychiens*, qui confondoient les deux Na-tures

nouveauté inouïe ; puiſqu'on lit dans l'Ancien Teſtament, que Dieu empruntoit diverſes formes pour tempérer les rayon de ſa gloire ; parlant tantôt dans une nuée, tantôt dans un buiſſon ardent, & couvrant l'arche d'un ſymbole viſible de *ſa préſence* ; ce que pluſieurs Péres de l'Egliſe ont regardé comme autant de préludes de l'Incarnation.

A l'égard des Payens, on ſait qu'ils parloient ſouvent de la deſcente & de l'apparition de leurs Dieux en terre ſous une figure empruntée *. De-là vient qu'entre les raiſons qui ont pû engager la Sageſſe Divine à employer un ſemblable moyen, S. Athanase ✝ ne fait pas difficulté d'alléguer la condeſcendance qu'il convenoit d'avoir pour ces idées communément reçües : ,, Les ,, hommes, *dis-il*, s'étant mis à cher- ,, cher la Divinité parmi les creatures ,, ſenſibles & terreſtres, ſans porter leur

,, pen-

tures en Nôtre Seigneur. Et il prononce que la Divinité s'eſt jointe à l'humanité *ſans changement, ſans conſuſion, ſans diviſion.*

* Voy. Origene contre *Celſe*, Liv. I.

✝ Athanase, de l'Incarnation du Verbe.

,, penſée plus haut ; nôtre commun
,, Sauveur, qui eſt la Raiſon divine,
,, a bien voulu prendre nôtre chair &
,, converſer humainement avec les hom-
,, mes ; afin que ceux qui s'arrêtoient
,, aux choſes corporelles fuſſent con-
,, duits au Vrai, en écoutant le Seigneur
,, revêtu d'un corps, & apriſſent par
,, ſon moyen à connoitre le Pére ,, *.

Si les Juifs & les Payens trouvoient
ainſi chez eux dequoi les diſpoſer à
recevoir ce myſtére, le Philoſophe n'a
pas ſujet non plus de le trouver ſi
étrange ; d'un côté parce que la choſe n'eſt pas impoſſible en elle-même ;
& de l'autre, parce qu'encore qu'il n'y
ait rien ailleurs qui ſe puiſſe exactement comparer avec ceci, la nature
ne manque pas d'exemples, qui aident
pourtant à s'en former quelque idée.
Sans ſortir de nous-mêmes, n'y trouvons nous pas deux natures, le corps
& l'ame, qui, bien qu'eſſentiellement
différentes, ne laiſſent pas d'être unies
étroitement ? Le Soleil imprime ſa
clarté

---

* On trouvera cette penſée plus étendue dans
le *Sermon IV.* de TILLOISON *ſur l'Incarnation &*
la Divinité de JESUS-CHRIST.

clarté fur la Lune, qui par-là devient lumineufe comme lui, & fert à nous éclairer par réverberation ; la clarté de ces deux Aftres n'eft pourtant qu'une feule & même lumiere. Dieu opére continuellement fur fes creatures ; & il agit plus particulierement en quelques-unes, comme quand il infpiroit les Prophêtes. ,, Il n'y a que les Epi-,, curiens, *dit* Mr. *Abbadie*†, qui ayent ,, conçu la Divinité oifive & entiere-,, ment féparée de fes creatures. Tous ,, les autres la conçoivent unie à fes ,, ouvrages. Les Payens fe la repréfen-,, toient attachée à leurs Temples, & ,, à leurs Statües auxquelles elle venoit ,, s'unir. Les Juifs concevoient avec ,, plus de vérité Dieu uni d'une façon ,, particuliere à un buiffon, à une nuée, ,, à une arche. Plufieurs des Incrédu-,, les fe repréfentent la Divinité com-,, me un Efprit univerfel attaché à la ,, matiere univerfelle, comme nôtre ,, ame l'eft à nôtre corps. Que s'il ,, eft fi ordinaire de concevoir Dieu ,, com-

† Vérité de la Religion Chrétienne, Tom. I I. Tableau I X.

,,comme uni à ſes ouvrages, qu'y a-
,, t-il de ſurprenant à le repréſenter uni
,,à la nature humaine de JESUS-CHRIST
,,d'une maniere plus étroite & plus par-
,,ticuliere qu'aux autres? Car s'il y a
,, une creature à laquelle la Divinité
,,puiſſe s'unir, c'eſt une creature ſain-
,,te & innocente comme celle ci. S'il
,,eſt poſſible que Dieu s'uniſſe à un
,,corps, il l'eſt bien d'avantage qu'il ſe
,,communique à l'Eſprit de JESUS-
,,CHRIST. Si une arche a pû être
,,remplie de Dieu, il y a peu de dif-
,,ficulté à concevoir qu'une Nature
,,pure & ſainte ait eû cet honneur d'u-
,,ne façon particuliere. Et ſi l'on ne
,,rougit point de rendre l'Eſprit uni-
,,verſel dépendant en quelque ſorte
,,par ſon union avec la matiere; pour-
,,quoi refuſerions-nous d'admettre une
,,union qui laiſſe à Dieu toute ſon indé-
,,pendance & toute ſa liberté, & ne
,,va qu'à rendre le corps & l'ame de
,,JESUS-CHRIST plus ſoumis à Dieu?

Si quelque choſe a droit de nous
étonner en ceci, c'eſt l'excès de Bonté
que Dieu nous témoigne. Voilà en
effet

effet un grand *myſtére* de charité! Mais auſſi, qui doute que la Bonté céleſte ne ſurpaſſe toutes nos conceptions? Il n'y a rien de plus grand dans la Nature Divine que de pouvoir accorder des graces; Il n'y a rien de plus beau que de le vouloir. Si le Seigneur a fait pour nous au-de-là de tout ce qu'on peut imaginer, c'eſt bien un ſujet d'admiration, mais non pas un ſujet d'incredulité ni de murmure. Nous ſied-il bien de nous en plaindre? Ce n'eſt point à nous à examiner s'il lui convenoit d'étendre ſi loin ſa miſéricorde. Il ſuffit qu'il l'ait bien voulu. Ne penſons qu'à lui en rendre graces & à en profiter. C'eſt le ſeul & véritable uſage que l'on doit faire de cette doctrine.

CHAPITRE VII.

Du *Myſtére de la* TRINITÉ.

OUtre la diſtinction du *Pére* & du *Fils*, il eſt parlé dans l'Evangile du *Saint Eſprit*, & il eſt dit que ces

trois

trois ne font qu'un. Comme cet arti‑
cle eſt celui qui ſouléve le plus cer‑
tains eſprits *, il eſt à propos de s'y
arrêter un peu.

Et d'abord nous demandons (ce que
l'équité ne peut nous refuſer) qu'on écar‑
te les idées & le langage des Scholaſti‑
ques, parcequ' ,, Au lieu de traiter ce
,, ſujet avec ſobrieté & retenüe, (comme
,, le dit fort bien Mr. *Claude* †) l'orgueil
,, des Ecoles a converti la foi en curioſi‑
,, té, & a ſoumis la Majeſté de la Reli‑
,, gion aux ſubtilitez de la Metaphyſi‑
,, que ; ce qui a donné occaſion de rele‑
,, ver quelques difficultez, qui ne ſont
,, au fond effroyables qu'à ceux qui
,, veulent traiter les ſecrets de Dieu par
,, les lumieres d'Ariſtote plûtôt que par
,, celles des Ecritures ,,. Nous ne vou‑
lons pas être garants des ſpeculations
creuſes, & des termes durs qui ont
cours en pluſieurs lieux. Il faut s'en
tenir à l'Ecriture. Ne parlons qu'a‑
vec elle, & ne mêlons rien du nôtre
à la ſimplicité de ſa doctrine.

En‑

* Voy. Lucien, ou l'Auteur de *Philopatris.*
† Rep. au II. Traité de la Perpetuité de la Foi,
Part. I. Ch. 8.

Enfuite on doit convenir que s'il y a quelque chofe de clairement enfeigné dans le Nouveau Teftament, c'eft l'Unité de Dieu: *Il y a un feul DIEU, dit S. PAUL, & un feul Médiateur entre Dieu & les hommes, favoir JESUS-CHRIST. Nous n'avons qu'un feul DIEU qui eft le Pére, de qui procédent toutes chofes, & c'eft pour lui que nous fommes: Et nous n'avons qu'un feul Seigneur, qui eft JESUS-CHRIST, par lequel font toutes chofes, & c'eft par lui que nous fommes.* Tel eft le langage conftant de l'Ecriture. Peut-il venir dans l'efprit de quelqu'un que les Apôtres euffent voulu donner atteinte à ce point fondamental ? C'eut été fe contredire trop groffiérement ; & quand on les croiroit capables de n'y avoir pas fait attention d'eux mêmes, d'autres n'auroient pas manqué de les en faire apercevoir; au lieu qu'on ne voit pas, ni qu'ils ayent été attaquez ou queftionnez là-deffus, ni qu'ils ayent jamais pris à tâche de s'en juftifier, comme ils auroient dû le faire en pareil cas.

Mais la vérité eft qu'ils ne donnoient

aucune prife fur eux. Car qu'ont ils dit, & que fommes nous obligez de croire, en nous tenant à leurs expreffions ? 1°. Qu'il y a un feul Dieu, Créateur du monde, & la prémiere Caufe de tout. 2°. Qu'il y a eû dans la perfonne de JESUS-CHRIST un *principe divin*, favoir la Raifon ou la Sageffe éternelle, & que *toute la plenitude de la Divinité a habité en lui*, comme on l'a expliqué ci-deffus. 3°. Qu'il y a auffi un *principe d.vin* qui a infpiré les Prophétes & les Apôtres, qui leur a communiqué des dons miraculeux, & qui opére encore dans l'ame des fidelles pour les fanctifier & les confoler. L'Ecriture met bien quelque diftinction entre ces deux principes & le prémier ; Elle leur donne même des noms différens, en les appellant *Pére, Fils & S. Efprit*. Mais elle n'explique pas tout-à-fait comment ces principes fe diftinguent. Ce côté de la chofe demeure voilé. Il eft certain, feulement, que cette d.fférence, quelle qu'elle puiffe être, ne va point jufqu'à multiplier la Nature Divine, puifque l'Evangile

gile nous avertit fi foigneufement que ces trois ne font qu'un Dieu.

Les Théologiens qui ont traité le plus fcrupuleufement cette matiere, après avoir pofé avant toutes chofes l'unité de l'effence divine, difent que cet unique & même Dieu, fubfiftant d'une certaine maniere, eft qualifié de Créateur & de Confervateur du monde † : voilà le *Pére*; Que fubfiftant d'une autre maniere il s'eft manifefté en JESUS-CHRIST pour nous racheter: Voilà le *Fils*; Que fubfiftant d'une autre maniere il a agi dans les faints hommes; Voilà le *S. Efprit.* Cette diftinction doit être reçüe, parce qu'on la trouve dans l'Ecriture Sainte, & particulierement dans la Formule de nôtre Batême. Mais en quoi confifte-t-elle ? L'Ecriture fe taifant là-deffus, & la Raifon n'en difant rien, il faut s'arrêter là, & ne point entreprendre d'expliquer ce que l'Ecriture n'explique pas.

Les Grecs ont employé à ce fujet le mot d'*hypoftafe*, & les Latins celui de *per-*

D 2

fonne

---

† Τρόποι ὑπάρξεως, *modi fubfiftendi*, comme parlent les Théologiens.

fonne ; termes qui véritablement ne font point dans l'Ecriture, & qui pourroient donner de fauffes idées à ceux qui ne feroient pas fur leurs gardes. Mais en introduifant ces termes, on nous avertit en même tems de n'en pas abufer. Les Péres de l'Eglife ont même avoüé qu'ils n'avoient que des idées très-confufes de ce qu'ils vouloient fignifier par-là. ,, Nous difons qu'il y a une feule ef- ,, fence ou fubftance, & trois perfon- ,, nes, *dit* S. AUGUSTIN *, pour fuivre ,, le langage des Docteurs Latins, qui ,, en traitant cette matiére n'ont point ,, trouvé d'autre terme, pour expri- ,, mer ce qui, à dire vrai, eft au def- ,, fus de toute expreffion ,,. Et plus bas. ,, Lors qu'on demande, Qu'eft- ,, ce que ces trois ? le langage humain ,, fe trouve court. On a pourtant dit ,, *trois perfonnes*, non pour parler exac- ,, tement, mais pour n'être pas réduit ,, au filence ,,.

Quand donc nos adverfaires font tant de bruit de cette prétendue abfurdité, que trois font un & qu'un fait

trois

---

* S. AUGUSTIN. *de Trinit.* Lib. V. C. 9.

trois, ils ne prennent pas garde à l'é-
quivoque où ils tombent. Si l'on difoit que ce qui eft *un* eft auffi *triple,*
au même égard & au même fens, par
exemple que trois Dieux ne font qu'un
Dieu, ou que trois chofes d'une efpéce
ne font qu'une feule chofe de la même
efpéce; cela feroit abfurde: ,,Et même
(comme l'obferve Mr. *Jaquelot* †,)
,, tant qu'on permettra à l'efprit d'at-
,, tacher ici au mot de *perfonne,* la
,, même idée que lors qu'on l'employe
,, en parlant des creatures, il eft cer-
,, tain qu'on fera tomber ce myftére
,, en contradiction ,,. Mais combien
de chofes où ce qui eft unique en foi
fe diftingue pourtant à certains égards?
Il y a trois dimenfions dans l'étendüe,
favoir longueur, largeur & profon-
deur. Toute fimple qu'eft nôtre ame,
on y diftingue l'entendement, la volonté, les fenfations, la force de mou-
voir &c. La Nature Divine a auffi
fes divers attributs & fes diverfes
opérations; Et qui peut favoir toutes
les fortes de diftinctions dont elle eft

D 3

fuf-

---

† Réponfe aux Entretiens de Mr. BAYLE, p. 57.

fusceptible ? Ne peut-il pas y en avoir quelqu'une que nôtre Raifon ne pénétre pas ? Qu'on dife que c'eft ici un fujet obfcur ; nous fommes les prémiers à l'avoüer : Mais tout ce qui eft obfcur n'eft pas pour cela faux ni impoffible.

Que les Juifs cherchent dans leurs Livres ; Ils verront qu'il y eft parlé de l'*Efprit* de Dieu, qui réfidoit dans les *Pfeaume XXXIII.* Prophétes. Il eft dit que les *Cieux ont été faits par la Parole du Seigneur, & toute leur armée par fon Efprit.* Le titre de *Fils de Dieu* fe lit au Pseaume II. Et rien ne reffemble tant à ce que dit S. Jean de la *Parole*, que ce qu'on lit de la *Sageffe* au VIII. des Proverbes, qu'elle *étoit avec Dieu dès le commencement de fes voyes, comme fon nourriffon en qui il prenoit plaifir, qu'elle a été declarée Reine dès les prémiers âges, qu'elle a été engendrée avant qu'il y eut ni coteaux, ni vallées, & qu'elle étoit auprès de l'Eternel lors qu'il compaffoit les Cieux, prenant part à tous fes ouvrages.* Philon, Ecrivain Juif, parlant de la *Raifon* ou de la *Parole*, va jufqu'à l'appeller le *Fils de Dieu*, fon *prémier - né*, fon *image*, le *Souverain Pontife*, & le *Mediateur* entre Dieu & les hommes *. Ces idées n'étoient pas même abfolument étrangéres aux Payens. *Philon* les y avoit puifées en partie; & l'on fait que *Platon*, qui en cela pourroit bien n'être que l'Echo des Sages Orientaux, diftinguoit trois Principes, favoir le prémier Etre ou le *Bon* par excellence, qui avoit enfanté l'*idée* ou la *Raifon*; & enfuite l'*action* ou l'*Efprit*; enforte pourtant que ces trois principes ne conftituoient qu'une feule & même effence, comme *Porphyre* & les autres Platoniciens l'ont expliqué. Nous n'alléguons pas ces exemples, comme ayant un entier raport avec la Theologie Chrêtienne, ni pour lui fervir de fondement; mais feulement pour montrer que l'on n'a pas droit d'attaquer ce point de nôtre foi, comme s'il renverfoit tout ce qui a jamais été reçu en matiere de Philofophie.

D 4

Mais

---

* Ces paffages de P*HILON* font femez en plufieurs Livres, comme *de la creation du monde*, *d'Abraham*, *des Songes*, & *de l'héritier des promeffes divines*.

Mais enfin , dit-on , eſt-il raiſonnable d'admettre dans la Religion des dogmes qui , d'un commun aveu , ſont incompréhenſibles ?

Je répons qu'il faut en uſer ici comme on fait dans les autres Sciences , c'eſt-à-dire, ne rien admettre ſans preuve, comme auſſi ne rien admettre de contradictoire. Mais qui empêche que ſur une autorité comme celle de la Révélation, l'on ne croye qu'une choſe eſt, encore qu'on ne ſache pas *comment* elle eſt ? La preuve de la choſe eſt claire, par les Textes de l'Ecriture Sainte : Ainſi nôtre foi n'eſt point aveugle. La *maniere*, dont la choſe eſt, demeure obſcure, parce que l'Ecriture ne l'explique pas: Auſſi ne ſommes-nous pas obligez de rien croire ſur la *maniere*. Nous ſavons ſeulement qu'il y a une diſtinction dans la Nature Divine qui eſt exprimée par les termes de *Pére*, *Fils* & *S. Eſprit*. Il faut recevoir celà ſimplement, en parlant toûjours comme l'Evangile parle. Mais en quoi cette diſtinction conſiſte t-elle ? Nous l'ignorons. Il faut donc ſuſpendre ſon jugement là-deſſus.

C'eſt

C'eſt l'unique parti qu'ait à prendre un homme ſage & modeſte, en de telles matieres.

Il eſt vrai que cette ſuſpenſion choque l'orgueil de l'eſprit humain ; Nous voudrions que tout fut clair & à nô-tre portée. Mais il faut bien nous ré-ſoudre, à trouver ſouvent des choſes qui nous arrètent, & le mot d'*incom-prehenſibilité* ne doit pas nous rebuter. Il y en a de deux ſortes. Quand on voit une répugnance manifeſte entre deux ſujets connus, comme ſi quel-qu'un diſoit que deux fois deux font cinq, ou que le tout eſt plus grand que ſa partie ; on peut décider hardiment que cela eſt contradictoire. Mais s'il s'a-git d'un ſujet que nous ne connoiſſons qu'à demi, & duquel on nous parle en termes couverts; il y auroit de la témé-rité à prononcer que cela eſt abſurde ou impoſſible ; On doit dire ſeulement, comme il eſt vrai, que l'on ne conçoit pas bien la choſe, qu'on n'en a pas des idées claires; & alors c'eſt ce qui s'appelle comme nous l'avons déja dit, une *obſcurité*, & non une *contradiction.*

D 5

Et

Et combien n'y a-t-il pas de pareilles *obscuritez*, soit dans la Nature, soit dans l'Histoire, & même dans toutes les Sciences? Un Physicien trouve à chaque pas de quoi l'arrêter. Comment la lumiere arrive-t-elle jusqu'à nous? Comment les rayons se modifient-ils pour prendre tant de couleurs différentes? Comment se croisent-ils en tout sens, sans se confondre? D'où vient la pesanteur? Qu'est-ce qui fait la solidité de la matiere? Quelle est la force secrette qui meut les corps? Comment est-ce que le mouvement se communique? Par quel nœud secret l'ame est-elle unie au corps? Comment les objets du dehors peuvent-ils agir sur l'esprit? Et d'où vient que ma volonté a le pouvoir de commander à mon bras, sans connoitre les ressorts qu'il faut remuer pour cela? La Géometrie elle-même a des profondeurs impénétrables, ne fussent-ce que celles qui naissent de la divisibilité de la matiere à l'infini. Il y a aussi des faits très-certains dans l'Histoire, qui ne laissent pas d'être des énigmes quand on en ignore cer-

certaines circonſtances. „Les choſes
„les plus communes, qui ſe rencontrent
„ ſur nôtre chemin, *dit Mr. Locke* †,
„ ont des côtez obſcurs, où la vüe la
„ plus perçante ne ſauroit ſe faire jour,„.
Et la Théologie Naturelle, dont les
Deïſtes ſemblent faire leur fort, eſt-
elle exemte de difficultez? Conçoit-
on facilement quel eſt le paſſage du
Néant à l'Etre? Comment Dieu crée
quelque choſe par ſa ſeule volonté?
Comment eſt-ce, qu'étant ſpirituel, il
peut agir ſur la matiere? Comment
il eſt préſent par tout ſans occuper un
eſpace? Comment il peut prévoir la
détermination d'un Etre libre? Et l'i-
dée de l'*éternité*, de combien d'abîmes
n'eſt elle pas environnée? Cependant
on paſſe par deſſus ces difficultez, &
il le faut bien, parce que dès qu'on
voit clairement qu'une choſe doit être,
on ne s'embaraſſe pas d'en comprendre la maniere. La vüe de l'eſprit a
une ſphére bornée, auſſi-bien que celle du corps; & comme tout ce qui eſt
au-delà d'une certaine diſtance ne frape
nos

---

* Eſſai ſur l'Entendement, *Livr IV. Chap. 3.*

nos yeux que confufément ; auffi dans
l'ordre des chofes fpirituelles il ne faut
pas croire que tout foit foumis à nôtre
pénétration. Pendant que des efprits
vains & légers s'imaginent que rien
n'eft au-deffus de leurs lumieres ; on
entend les vrais Philofophes faire là-
deffus les aveus les plus modeftes.
Sur tout dès qu'on s'éléve aux prémiers principes, & qu'on veut toucher
à l'infini ; qui eft-ce qui n'a pas éprou-
vé que l'efprit fe confond, & qu'il y
a je ne fai quelle obfcurité redoutable
qui nous arrête, comme n'étant pas
permis à un mortel de pénétrer dans
l'effence & l'origine des chofes, qui eft
le Sanctuaire du Très-Haut ? Puis
donc que la Nature eft pleine de *myftéres*, puifque toutes les Sciences ont
leurs énigmes, s'étonnera-t-on que la
Théologie Chrétienne ait les fiens ? Et
au milieu des obfcuritez qui nous environnent, trouvera-t-on étrange que
la Révélation dife quelque chofe de
l'Effence divine qui paffe nos conceptions ? Il feroit bien plus étonnant
que tout fut facile & de plain-piè

dans

dans un sujet si myſtérieux & si sublime *.

CHAPITRE VIII.

De l'humiliation & des souffrances de JESUS-CHRIST.

S'Il falloit que le Fils de Dieu vint sur la terre, il semble qu'au moins il y devoit paroître avec un éclat proportionné à son rang; au lieu qu'on eſt tenté de le méconnoitre dans un homme d'une condition abjecte, & qui a fini ſes jours par le ſupplice †. Il y a là certainement de quoi ſurprendre & rebuter du prémier abord; & S. PAUL avoüe que *la Croix de* CHRIST *eſt ſcandale aux Juifs, & folie aux Grecs;* Mais il ajoute en même tems, que si l'on veut examiner la choſe à fond & d'un œil déprévenu, l'on trouvera que c'eſt un myſtére profond, très-digne de la Sageſſe de Dieu.

Pour le comprendre, il faut remarquer d'a-

1.Cor.I. 23.

---

* Voyez S. AUGUSTIN *de la Cité de Dieu,* LIV. II. Chap. 25.

† Voyez LACTANCE, Liv. IV. Chap. 22.

d'abord, que c'eſt un préjugé puerile, que de juger d'une doctrine par l'extérieur de celui qui l'annonce. L'éclat du rang ou des richeſſes ne donne aucun poids aux paroles ; Il n'y faut chercher que la vérité : ,,Qu'importe, *dit* ARNO,,BE, que JESUS ait été crucifié ? Le ,,genre de mort ne change rien à la na,,ture de ſes diſcours ni de ſes actions ; ,,& ce qu'il a enſeigné n'en eſt pas ,,moins vrai, parce qu'il a fini ſa vie d'u,,ne maniere violente plutôt que d'une ,,mort naturelle. *Pythagore* fut brulé ,,dans un Temple, ſur le faux ſoupçon ,, d'aſpirer à la Tyrannie ; Sa Philoſo,,phie en a-t-elle été decriée ? *Socrate* ,,fut condamné à mort par une ſenten,,ce du peuple. Ses belles leçons ſur ,,les devoirs de l'homme en valent-el,,les moins pour cela ? Une infinité ,,d'autres perſonnages d'une haute ver,,tu ont eû le malheur de périr d'une ,,façon tragique, comme *Aquilius*, ,,*Trebonius*, & *Regulus*, ſans que leur ,,mémoire en ſoit ternie. Ce n'eſt ,, point un opprobre que de ſouffrir ,,par la cruauté dautrui :

Les

Le crime fait la honte & non pas
l'échafaut ,

comme dit un de nos Poëtes.

2°. Tant s'en faut que les soufrances impriment quelque tache sur la vie d'un homme juste, qu'elles servent au contraire à en réhausser l'éclat. La véritable gloire n'est pas celle des Princes ni des Conquerans; & les gens sages mettront toûjours beaucoup de différence entre ces prétendus Héros, & un homme éclairé, bon, intégre, inébranlable dans son devoir, qui seul mérite toute nôtre estime. *Sénéque* * juge même qu'il faut avoir passé par le revers de la vie, pour obtenir le titre de grand homme, parce que le propre du grand homme est de fouler aux pieds les maux & les craintes qui troublent les mortels. ,,Le poison que ,,prit *Socrate* ne l'a rendu que plus ,,illustre, dit le même Auteur, & l'in- ,,nocence de *Rutilius* n'auroit jamais ,,si bien parû sans l'injustice qu'il sou- ,,frit ; son infortune fait sa gloire,,.

Senec.
Ep. 13.

Idem,
Ep. 79.

Pla-

* SENEC. *de Provid.* Cap. I V.

Platon † donne une semblable idée du Sage, jusqu'à y mêler des traits qui semblent faits exprès pour JESUS-CHRIST. Le dernier degré d'héroïsme est, selon lui, quand un homme qui passeroit pour criminel en s'attachant à la justice, ne laisseroit pas d'y persévérer inviolablement, dût-il s'exposer par là au fouet & à la torture, à être mis aux fers, à avoir les yeux percez d'un fer chaud, à soufrir toute sorte d'outrages, & même à être crucifié. *Epictéte* * entrant dans les mêmes pensées, va jusqu'à dire, qu'un honnête homme accablé de misére & de douleur seroit le personnage le plus grand aux yeux de Dieu, & le plus digne d'être son Envoyé sur la terre. Ce vertüeux Philosophe n'auroit donc pas été de ceux qui se scandalisent de la Croix de CHRIST.

3°. Pour bien juger de l'état où quelqu'un doit paroitre, il faut voir quel est son but, & à quoi il se destine. Si Nôtre Seigneur avoit voulu fon-

der

† PLATON de la Republique, *Liv. II.*
* ARRIAN. Discours sur *Epictéte*, Liv. III. Chap. 22.

der un Empire temporel , fans doute il auroit dû prendre d'autres mefures. Lui-même le reconnoit : *Si mon régne étoit de ce monde, j'aurois des gens qui combattroient pour moi. Mais mon régne n'eft point d'ici bas.* Il ne vouloit point donner d'ombrage aux Princes , ni caufer de foulévement parmi les peuples ; L'état le plus humble convenoit donc le mieux à fes vûes. Il venoit établir fur la terre la vérité & l'innocence; il venoit annoncer la grace. Quelles armes lui faloit-il pour cela, autres que l'exemple & la prédication ? Il venoit pour changer les inclinations baffes & terreftres des hommes , pour les détacher du monde & de fes faux biens , pour nous aprendre à être débonnaires & humbles de cœur, pour tourner nos regards vers le Ciel. Convenoit-il à un tel Docteur de vivre dans la pompe ? Et de quel droit auroit-il appellé les fiens au defintéreffement , à la patience & à l'humilité, s'il ne leur en avoit pas donné l'exemple ? On a dit des Pharifiens qu'ils mettoient fur les épaules d'autrui des

S. Jean
XVIII.

E

far-

fardeaux qu'ils ne vouloient pas toucher eux-mêmes du bout du doigt. On
trouve auffi que *Sénéque* avoit mauvai-
fe grace de loüer fans ceffe la pauvreté, étant le plus riche homme de
l'Empire. Il ne faloit pas que Nôtre
divin Maître pût jamais être expofé
au même reproche. Il lui fied bien de
parler comme il fait, le genre de vie
qu'il a mené étant parfaitement afforti
à fes deffeins & à la nature de fa doctrine. ,, Si la vertu confommée, *dit*
,, LACTANCE, confifte à foufrir pour
,, la juftice, à méprifer la mort dont
,, on nous menace, & à la voir arri-
,, ver fans pâlir; le Docteur parfait que
,, Dieu nous envoye, ne doit pas feu-
,, lement enfeigner ces chofes; mais il
,, doit les pratiquer, & faire le pré-
,, mier ce qu'il ordonne, pour ne laiffer
,, aucun prétexte à ceux qui voudroient
,, dire que fes commandemens font im-
,, praticables. Il a donc fallu qu'il paffat
,, lui-même par toutes fortes d'infirmitez
,, & d'épreuves ,,. Et ailleurs: ,, Dieu
,, ayant réfolu de nous délivrer, a en-
,, voyé ici bas un Maître qui amenât
,, les

*Lactance
Liv. IV.
Ch. 24.*

*Ibidem,
Ch. 26.*

,, les hommes à l'innocence & à la ver-
,, tu par ſes préceptes ſalutaires, & qui
,, frayat le chemin de la félicité éter-
,, nelle à ceux qui voudroient marcher
,, ſur ſes pas. Ce Sauveur a donc pris
,, un corps, pour donner à l'homme
,, qu'il veut inſtruire & des régles &
,, des exemples. Mais après avoir tra-
,, cé un modèle de la maniere de rem-
,, plir tous les devoirs de la vie, il a
,, voulu encore donner un exemple de
,, la patience & du mépris de la mort,
,, ce qui eſt le dernier période de la
,, vertu. C'eſt pourquoi il s'eſt aban-
,, donné aux mains des impies, quoi
,, qu'il lui eut été facile de l'éviter ; &
,, il a ſoufert ſans murmure toutes ſortes
,, d'outrages, n'ayant pas refuſé de
,, mourir, afin que l'homme triomphat
,, des terreurs de la mort, qui eſt ſou-
,, miſe & déſarmée par cette victoire,,.

En 4e. lieu, il ne falloit pas que
l'on pût jamais regarder le Chriſtianiſme comme l'ouvrage de la Politique
humaine. Si JESUS avoit parû avec
beaucoup d'éclat, ſi comme *Mahomet*
il avoit marché à la tête des armées ;

E 2

on

on diroit qu'il n'eſt pas ſurprenant qu'un Prince ait établi une Religion à ſon gré, ni qu'on trouve des Sectateurs avec de l'or & de la puiſſance. Au lieu de cela, Nôtre Seigneur paroit dans une condition abjecte, il fuit toutes les occaſions de s'élever ; Quand on vient à lui, il repréſente franchement qu'on ne doit s'attendre qu'à des perſécutions & à des ſupplices ; il ne reçoit que ceux qui ne ſe rebutent point par l'opprobre du monde ; il ſe dévoüe lui-même à la mort. Que d'argumens une pareille conduite ne fournit-elle pas pour juſtifier la pureté de ſes intentions, & le parfait déſintereſſement de ſes Apôtres, comme on le verra dans la ſuite ? JESUS eſt le prémier Martyr de ſa Religion. Les témoins qu'il employe paſſent par la même épreuve. Par-là tout ſoupçon eſt levé ſur les motifs qui les faiſoient agir. Si les Apôtres avoient voulu débiter une fable, par intrigue & par ambition, auroient-ils choiſi pour le Héros de leur piéce un perſonnage tel que JESUS ? N'étoient-ils pas autant prévenus que

les

les autres Juifs pour un M*ESSIE* puiſſant & glorieux? Quel interêt avoient-
ils à ſuivre un homme crucifié, & à le
prêcher dans le monde, ſans ſe mettre en peine de déguiſer ce qu'il y
avoit d'humiliant dans l'hiſtoire de ſa
vie? Eſt-ce la chair & le ſang qui ont
dicté un pareil Evangile? Si les préjugez communs ſe révoltent, & ſi tant
de gens ſont rebutez par cet extérieur
de J*ESUS*-C*HRIST*, que s'enſuit-il
de-là, ſi-non que tout ceci n'eſt point
l'ouvrage de l'homme? Dieu qui eſt
plus ſage que nous, n'a pas voulu donner à l'Egliſe des commencemens plus
brillans, comme la vanité humaine le voudroit; parce que c'eſt préciſement de
ſa foibleſſe qu'elle tire ſa force; c'eſt
de ſa prémiere obſcurité que ſortent
ſes rayons les plus purs.

Enfin l'abaiſſement & les ſoufran-
ces de nôtre Sauveur ont eû un autre
uſage non moins important, & qui mérite d'être expoſé dans un Chapitre à
part; c'eſt de ſervir d'expiation & de
ſacrifice pour les péchez des hommes:
moyenant quoi l'on conviendra que

E 3

cette

cette Croix de CHRIST ſi rebutànte aux yeux de la chair, eſt dans le fond un chef-d'œuvre de Bonté & de Sageſ-ſe. Que la témérité humaine ceſſe donc de vouloir juger de tout ſur les pré-mieres apparences; & comprenons une bonne fois que, comme le dit S. PAUL, ce qui paroit folie dans les œuvres de Dieu, ſurpaſſe infiniment tout ce qui eſt réputé ſage parmi les hommes.

ɪ. Cor. I.

CHAPITRE IX.

De la mort de JESUS-CHRIST conſiderée comme un Sacrifice.

LA mort de JESUS-CHRIST nous eſt repréſentée ſous l'idée d'un *Sacrifice* en cent endroits de l'Ecriture, & ſur tout dans l'*Epitre aux Hebreux*, où il eſt dit, que JESUS *le Mediateur de la Nouvelle Alliance, s'eſt offert lui-même à Dieu comme une victime ſans tache pour purifier nos conſciences des œuvres mortes; & qu'il eſt entré dans le lieu Très-Saint, non avec le ſang des boucs ni des veaux, comme faiſoit*

le

le Souverain Sacrificateur ; mais avec son propre fang, ayant obtenu une rédemption éternelle.

Cette doctrine fe raporte vifillement à ce qui fe pratiquoit parmi les Juifs. Quand on n'y fait aucune attention, & qu'on veut juger de tout felon nos idées & nos ufages modernes, il s'éleve là-deffus plufieurs difficultez. ,, Eft-il jufte qu'un innocent ,, foufre pour des coupables? Quelle ,, néceffité d'avoir une expiation ou un ,, facrifice? Dieu ne pouvoit-il pas nous ,, pardonner gratuitement ? & cela ne ,, feroit-il pas même plus digne de fa ,, grandeur que d'exiger une rançon,,?

Nous prions le Lecteur de fufpendre fon jugement là-deffus jufqu'à ce qu'il ait ouï ce que nous avons à dire.

Et d'abord, la maxime de Droit, qu'un innocent ne doit pas foufrir pour des coupables, eft fort mal apliquée ici, puifque le cas eft tout différent. Cette maxime auroit lieu, s'il s'agiffoit d'une perfonne innocente qui foufrit contre fon gré, ou qui n'eut pas droit de difpofer de fa vie, ou dont la mort

E 4

fut

fut préjudiciable à la focieté, ou enfin qui ne reçût aucun dédommagement de ce qu'elle foufre ; Alors il feroit vrai de dire que la juftice eft violée. Mais que quelqu'un, qui eft le maître de fa vie, la perde de fon plein gré, pour le bien du genre humain, & qu'après cela il refufcite & en reçoive une glorieufe récompenfe ; A qui cela fait-il tort ? & qu'y trouve-t-on d'illégitime ? C'eft un Acte généreux , & nullement injufte. ,, Ce que de bons ,, Rois & de bons Citoyens ont fait pour ,, leur patrie , dit *Origene*†. JESUS- ,, CHRIST l'a fait pour tout le genre ,, humain,,.

Mais d t-on, quelle néceffité que Dieu employat ce moyen ? n'en avoit-il point d'autres pour réconcilier les hommes à lui ? ,, Cette queftion, dit ,, fort bien Mr. *Claude**, eft trop curieu- ,, fe, & me paroit même affez inutile. ,, Il nous fuffit, à mon avis, de voir ,, que Dieu n'a pas employé actuelle- ,, ment d'autre moyen que celui-là, ,, &

---

† ORIGENE contre *Celfe*, Liv. I. Ch. 8.
* CLAUDE , de la Divinité de JESUS-CHRIST.

,, & que c'eft en la feule mort de fon
,, Fils qu'il a voulu rétablir fon Alliance
,, & fa Communion avec les hommes ;
,, fans qu'il foit befoin d'aller chercher
,, d'autres moyens poffibles dans les
,, profondeurs de la Sageffe Divine ,,.
Dieu eft le Maître, en nous faifant grace,
de l'attacher à telle condition , & de
nous la faire parvenir par tel canal qu'il
lui plait. Ce n'eft point à nous à de-
cider de ce qu'il peut faire ou ne pas
faire en cette occafion.

Il eft certain du moins que la voye
qu'il a choifie a de très beaux côtez,
& ne renferme rien qui ne foit digne
de lui.

Pour le fentir , il eft à propos de
remarquer , qu'à proprement parler,
Dieu n'eft point la caufe de la mort
de JESUS-CHRIST ; car il ne l'a point
ordonnée pofitivement ; c'eft un effet
de l'envie & de la cruauté des Juifs.
Mais la Providence qui prévoit tout,
& qui fait tirer le bien du mal , avoit
réfolu de tourner heureufement cet
attentat à une fin très-utile. Qu'eft-
ce donc que Dieu fait ici ? Touché

de compaſſion envers les hommes , il
envoye ſon Fils pour les convertir &
pour les ſauver. J E S U S exécute ce
deſſein ; il annonce la vérité, il nous
enſeigne à mener une vie pure & céleſte, il n'oublie rien de ce qui peut
ſervir à nous retirer de nos égare-
mens. Cependant des Impies bleſſez
de ſes leçons, portent leur rage juſqu'à
le faire mourir. Alors, bien loin que
ſa pieté ſe démente, il adore la main
du Très-Haut, & va au-devant du
coup qui le frape. Pour couronner ſon
œuvre, il fait de ce tragique évene-
ment le dernier acte de ſon humiliation & de ſa charité, en ſe dévoüant
comme une victime pour le ſalut du
monde ; à peu près comme s'il eut dit :
,, Pére céleſte, que ta Juſtice lance ſur
,, moi ſeul tous ſes traits. Si la ma-
,, jeſté de tes Loix violées demande
,, qu'il y ait du ſang répandu , voici
,, le mien que je t'offre pour mes fré-
,, res.　　Détourne ta vengeance de
Hebr. X. ,, deſſus leurs têtes. Tu n'a point vou-
,, lu de victime ni d'offrandes ; mais
,, tu m'as formé un corps. Tu n'agrées
,, point

„ point les holocauftes pour le péché ;
„ Me voici, je viens ô Dieu, pour
„ faire ta volonté. Si jamais mon
„ obéïffance te fut agréable, fi tu ès
„ touché des fouffrances qu'on endu-
„ re pour la vérité & pour l'amour de
„ ton nom, exauce la priére que je te
„ fais en expirant, qui eft de faire
„ grace pour l'amour de moi à tous
„ ceux qui croyent à ma parole &
„ qui fe repentent. Traite les defor-
„ mais dans tes compaffions, & non
„ pas felon la rigueur de ta juftice.
„ Voici, je donne ma vie pour eux.
„ Accepte, ô Dieu, cette oblation vo-
„ lontaire comme un facrifice qui ex-
„ pie leurs péchez „.

Une telle priére, fortant d'une bouche fi pure, faite dans une conjonc-
ture fi touchante, & accompagnée de
fentimens fi généreux & fi humbles,
a dû monter comme un parfum exquis
devant le Seigneur. Y eut-il jamais de
plus beau facrifice que celui-là, de dé-
voüement plus entier, ni de culte plus
parfait ? Souvent Dieu s'eft laiffé flé-
chir par l'interceffion des gens de bien

en faveur des coupables. Ainſi *Moïſe*
le déſarma en jeûnant & en priant pour
ſon peuple ſur la montagne. Les Iſraë-
lites furent bénis à cauſe d'*Abraham*
leur pére, & plus d'un Roi de Juda
a été épargné pour l'amour de *David*
dont il deſcendoit. Le Seigneur pour
donner plus de prix à la pieté & à la
charité, ne dédaigne pas d'avoir égard
aux vœux que les juſtes font pour leurs
fréres. Combien plus la priére du
Juſte par excellence, de JESUS expirant ſur la Croix, aura-t-elle été efficace? Et faut-il s'étonner que Dieu
ait voulu faire d'un événement ſi intéreſſant & d'un ſi grand prodige de
Bonté, le ſçeau de ſon Alliance, & le
gage perpétuel de ſa bienveuillance envers nous?

Il ne peut reſulter de cette doctrine
que de bons effets :

1°. Bien loin que les perfections de
Dieu en ſoient bleſſées, elles y paroiſſent toutes avec éclat. D'un côté on
y voit la Majeſté de ſes Loix mainte-
nüe, & la haine qu'il a pour le péché
bien marquée, puiſqu'il a fallu un ſang

ſi précieux pour l'expier. De l'autre on voit combien il a aimé le monde, puiſqu'il a donné ſon Fils au monde & l'a même expoſé à la mort pour nous. Il donne un libre cours à ſa miſéricorde, en telle ſorte pourtant que les pécheurs à qui il fait grace, ne laiſſent pas de voir l'atrocité du crime. Il pardonne, mais d'une maniere qui, loin de favoriſer le vice, en donne plus d'averſion. Ce tempéramment concilie ſa ſainteté avec ſa clémence, & les droits de ſa Juſtice avec ceux de ſa bonté. *La Grace & la Vérité ſe font rencontrées; la Juſtice & la Paix ſe ſont entrebaiſées.* Il n'y a certainement rien dans cette conduite de Dieu qui ne ſoit propre à faire briller ſes vertus, à le faire davantage craindre, aimer & honorer de ſes creatures. ,,Sans décider, dit Mr. *Clark* †, ſi ,,Dieu, en vertu de ſon domaine ab- ,,ſolu, n'auroit pas pû, s'il eut vou- ,,lu, pardonner au pécheur repentant ,,ſans une ſatisfaction préalable, &

,,ſans

Pſeaume LXXXV.

---

† CLARK de la Religion Chrêtienne, *Tom. I I.* *Chap.* 17.

,, fans un facrifice pour le péché ; il
,, faut avoüer au moins que le moyen
,, que Dieu a mis en ufage pour la ré-
,, miffion du péché, je veux dire, la
,, mort de fon propre Fils , eft beau-
,, coup plus dans les régles de la fa-
,, geffe , & infiniment plus propre à
,, réprimer la vaine préfomption de
,, l'homme , à prévenir fes rechutes
,, dans le péché, à le convaincre de
,, fon atrocité , à lui donner de hau-
,, tes idées de l'excellence des Loix
,, Divines, & à lui faire comprendre
,, l'indifpenfable néceffité qui lui eft im-
,, pofée de les accomplir ,,.

2°· Cela fert auffi à relever le ca-
ractere & la miffion de Jesus-Christ
& à nous rendre fon nom plus cher
& plus facré. Car par ce moyen il
réünit dans fa perfonne tout ce qu'il
y a de plus intéreffant pour nous. Non-
feulement il eft nôtre Docteur , mais
encore nôtre Rédempteur. Il eft pour
nous le canal des graces divines. Nous
devons prier en fon nom. Il eft le
lien de la paix entre le Ciel & la terre. Il eft nôtre fouverain Pontife &

nô-

nôtre Intercesseur envers Dieu. On ne peut rien souhaiter en lui qui ne s'y trouve, selon ce que dit S. PAUL, qu'*il nous a été fait de Dieu, sagesse, justice, sanctification & redemption.* Plus nous avons lieu de l'honorer, & plus nôtre foi doit être ferme, plus il y a de quoi nous attacher à son service & nous unir à lui. On ne sauroit tenir par trop de nœuds à un Maître tel que celui-là.

3°. Il y a aussi de quoi nous sanctifier, soit par les motifs, soit par l'exemple que la mort de Nôtre Seigneur nous fournit. Outre les autres droits que Dieu a sur nous, il en aquiert un nouveau par le bienfait de la rédemption ; Nous lui apartenons uniquement, & nous ne devons plus vivre à nôtre gré, mais au gré de celui qui nous a aimez, & qui s'est donné soi-même pour nous. Ce qu'a fait JESUS-CHRIST nous montre quel est le sacrifice de la nouvelle Loi; ce n'est pas d'offrir de l'encens, ou de la graisse des animaux. Il s'agit de nous dévoüer nous-mêmes, en immolant l'hom-

me

Rom.
XII.1.

me charnel pour donner naissance à l'homme spirituel ; Il s'agit, comme le dit S. PAUL, *d'offrir nos corps comme une victime, vivante, sainte, agréable à Dieu, ce qui est le service raisonnable que nous lui devons.* Il ne nous est plus permis de murmurer dans nos maux en voyant ce que JESUS a soufert, lui innocent pour nous coupables. Il ne nous est plus permis de haïr nos fréres pour qui JESUS est mort. Il ne nous est plus permis de maudire ceux qui nous persécutent, puisque JESUS prioit pour eux. Le joug du Seigneur ne sauroit nous paroitre rude ; car l'amour & la reconnoissance que nous lui devons, nous animent à son service ; & quand le cœur est gagné, qu'y a-t-il de difficile ? Peut-on jamais en faire assez pour un Maître qui a donné sa vie pour nous ? Nôtre vie doit donc aussi lui être consacrée.

Rom.
VI 6.

Nôtre vieil homme a été crucifié avec CHRIST, *afin que le corps du péché soit détruit, & que nous ne soyons plus esclaves du péché.*

Rom.
VIII.2.

La Loi de l'esprit de vie qui est en JESUS-CHRIST *m'a* afran-

afranchi de la Loi du péché & de la mort.
Il n'y a qu'à voir comment les Apôtres
dans leurs Epitres font valoir ces motifs, & quel ufage on en fait journellement dans la dévotion Chrêtienne, pour
en connoitre l'utilité. A force de vouloir réduire la Religion à des idées pu-
rement Philofophiques, on ne feroit que
l'énerver ; on la rendroit froide & fte-
rile, au lieu qu'elle eft tout autrement
vive, animée, & propre à remuer le
cœur, avec les principes que nous
avons pofez.

4°. En parlant de la néceffité d'une
Révélation, nous difions qu'un des
points en quoi elle doit aller plus loin
que la lumiere naturelle, c'eft pour
fournir quelque reffource à l'homme
pécheur. On ne peut s'empêcher de
craindre la Juftice Divine, dès qu'on fe
fent coupable. C'eft ce qui a porté les
peuples à imaginer tant de fortes d'expiations & de facrifices, comme pour
faire réparation à la Divinité offenfée,
& pour fatisfaire à cette Loi communément reçüe, que *fans effufion de*
fang il n'y a point de rémiffion des pé-

F

chez,

chez. Les raisonnemens qu'on fera sur la clémence divine peuvent bien nous flatter un peu, mais ne sauroient nous rassurer tout-à-fait. Le pécheur allarmé dira toûjours : ,, Que sai-je si ,, ma repentance effacera mes fautes, ,, puisqu'un Dieu tout juste & tout ,, saint ne doit pas laisser le crime im-,, puni ? Il me faudroit là dessus quel-,, que assurance positive, & quelque ,, gage non équivoque ,,. La conscience agitée ne se calmera point tant qu'elle ne verra pas que la Justice céleste soit satisfaite par quelque endroit. Et qu'est-ce que le sang des animaux pour produire un tel effet ? Chacun voit assez que ce n'étoit là qu'un palliatif. Mais l'Evangile vient nous mettre entierement l'esprit en repos, lors qu'en nous exhortant à la foi & à la repentance, il nous annonce en même tems, que le bon plaisir de Dieu a été de *reconcilier le monde à soi par* JESUS-CHRIST. S'il faut une satisfaction pour le péché, en voici une qui ne laisse rien à desirer. S'il nous faut un gage de la miséricorde divine,

quel

quel gage plus fort que celui-ci ? *Il n'y a donc plus de condamnation pour ceux qui font en* Jesus-Christ, *qui ni vivent point felon la chair, mais felon l'Efprit.* Dès que quelqu'un s'amende, on peut lui promettre, avec une entiere certitude, la remiffion de fes péchez, fans qu'il fe mette en peine de chercher d'autre expiation, que d'être fidelement attaché à fon Sauveur. Quelle confolation & quel allégement ne tire-t-on point de-là ? Otez de l'Evangile cette doctrine de la Rédemption ; vous le dépouillez de l'une de fes plus belles prérogatives ; vous le rendez beaucoup moins intéreffant ; On trouvera que c'eft une Religion imparfaite, qui n'entre qu'à demi dans nos befoins, & qui ne fournit point à l'homme tous les remédes qui lui font néceffaires ; Le cœur foupire après quelque chofe de plus ; Une confcience bleffée demande qu'on verfe du baume dans fes playes ; & la doctrine de la Rédemption eft admirable pour cela.

5°. Un autre ufage de la mort de Jesus-Christ confiderée comme

un

un facrifice, c'eft de terminer heureuſe-
ment la Loi cérémonielle des Juifs.
Cette Loi confiſtoit principalement dans
les oblations qui fe faiſoient fur l'Au-
tel. Il y avoit fur-tout deux Fêtes remarquables, celle de *Pâques*, & celle
des *Expiations*. Dans la prémiere on
immoloit un agneau choiſi & fans tache, pour le manger en famille, en
mémoire de la fortie d'Egypte. Dans
la feconde on égorgeoit un grand nombre de victimes, dont le Souverain
Pontife portoit le fang dans le Lieu
Très-Saint pour en faire afperfion, en
intercédant pour le peuple. Ce genre
de culte ne pouvoit plaire de lui-
même à la Divinité. Dès l'Ancien
Teftament Dieu avoit déclaré qu'il n'ai-
moit point l'effufion du fang. Il n'avoit
établi cet ufage que par condefcen-
dance & pour un tems, jufqu'à la venüe du Messie, qui devoit enfeigner aux hommes à *adorer le Pére, en
efprit & en vérité*. Cependant le culte
Lévitique étoit fi enraciné dans l'efprit
des Juifs qu'ils ne pouvoient y renoncer tout-à-fait. Cette expiation du péché

ché qui se fait par le sang, leur paroiſ-
ſoit un point capital. Une phraſe ordinaire en Hebreu, quand on veut témoigner du zéle à quelqu'un, c'eſt de
lui dire, *Que je ſois ton expiation.*
Philon † dit dans le même ſens, que
le *juſte eſt la rançon de l'inſenſé.* Que
fait donc l'Evangile pour mettre fin au
ſervice cérémoniel ? Il s'accommode en
quelque ſorte à ces idées ; mais c'eſt en
déclarant que la mort de JESUS-CHRIST
doit être regardée comme une Expiation générale, & comme le dernier ſacrifice que Dieu demande, tous les
autres n'ayant été qu'une figure de celui-ci ; qu'ils doivent donc ceſſer parce
que la réalité efface la figure ; qu'ainſi
la Nouvelle Alliance met fin à l'Ancienne & la ſurpaſſe de beaucoup ; que
JESUS eſt le véritable Agneau Paſcal
qui ôte les péchez du monde, & le
vrai Pontife faiſant aſperſion de ſon
propre ſang, & intercédant pour nous
dans le Ciel ; Que s'il faut une purification, il n'y en eut jamais de plus
ſolemnelle que celle-ci ; Que s'il faut

F 3

un

---

† PHILON, des Sacrifices d'*Abel* & de *Cain.*

un Souverain Pontife fous la nouvelle Loi, en voici un qui *eſt ſaint, inno-cent, ſans tache, élevé au plus haut des Cieux, qui n'a pas beſoin, comme les autres Sacrificateurs, d'offrir tous les jours des victimes pour lui-même & pour le peuple, mais qui s'eſt offert une ſeule fois pour tout le genre humain. Car au lieu que la Loi établiſſoit pour Sacrificateurs des hommes foibles; Dieu par ſa parole en a établi un qui eſt conſacré pour toûjours.* Par-là le Ju-daïſme eſt en même tems épuré & accompli.

6°. Enfin cette doctrine ne faiſoit pas un moins bon effet chez les Pa-yens. On ſait qu'ils avoient coutume de confirmer les alliances par le ſang des victimes; qu'ils recouroient à l'in-terceſſion des Démons; & qu'ils uſoient de pluſieurs ſortes d'expiations & de ſacrifices. Dans la penſée que plus la victime eſt précieuſe, plus elle eſt propre à apaiſer la Divinité, ils en vin-rent juſqu'à égorger des victimes hu-maines ſur les Autels; & il y avoit même des péres aſſez dénaturez pour

im-

immoler leurs enfans. C'eft par une fuite du même principe qu'on a vû des Citoyens fe dévoüer à la mort pour leur patrie, comme *Codrus* à Athénes, & *Curtius* à Rome; s'imaginant qu'un fang pur & noble peut payer pour plufieurs coupables. On raporte auffi d'un Roi de la Chine, qu'il voulut s'offrir en holocaufte pour fon peuple †. Toute l'antiquité eft p'eine de femblables exemples. Comment faire ceffer ces coutumes, qui d'un côté étoient brutales & cruelles, & qui de l'autre avoient pourtant quelque fondement dans ces terreurs de la confcience qui fent que le péché mérite la mort? L'Evangile fournit un dénouement fort heureux pour cela, en nous faifant envifager la mort fanglante de JESUS-CHRIST fur le pié d'un facrifice offert pour tout le genre humain; facrifice qui efface tous les autres, à caufe de l'excellence de la victime; facrifice qui n'a pas befoin d'être renouvellé, & auquel on doit avoir recours unique-

F 4 ment,

----

† Voyez le Tome VII. de la *Bibliotheque Univerfelle* de Mr LE CLERC, p. 450.

ment, parce que son efficace s'étend à tous les lieux & à tous les siecles. *Par une seule oblation*, dit S. PAUL, JESUS *a mis pour toûjours dans un état de perfection ceux qui sont sanctifiez, & il peut sauver parfaitement ceux qui s'aprochent de Dieu par lui, étant toûjours vivant pour intercéder pour eux.* Il ne faut donc plus chercher d'autre médiation que la sienne ; & par-là tombe ce recours aux Démons, & tous cès mystéres de superstition & de Magie qui avoient cours chez les Payens. Il ne faut plus d'autre expiation pour le péché ; & par-là tombe cette immolation de tant d'animaux, & (ce qui est de plus grande conséquence,) les sacrifices inhumains dont nous avons parlé. Ce coup habilement frapé coupe le mal par la racine, & guérit le monde de sa barbarie, mieux que la simple Philosophie n'eut jamais sçu faire *. Qu'on juge après cela si c'est ici une doctrine superflue & déraisonnable, comme il plait à certaines gens de l'appeller.

Hebr. X.

Hebr. VII.

---

* *Huic summo veroque sacrificio cuncta sacrificia falsa cesserunt.* AUGUST. de Civit. Dei. Lib. X. C. 20.

peller. En examinant bien les chofes,
il paroit au contraire que c'eft un des
côtez de la Religion les plus beaux,
les plus confolans, & fans lequel le
Chriftianifme feroit beaucoup moins falutaire au monde. Jamais on ne vît
mieux qu'en ceci combien la Sageffe
Divine furpaffe la vaine & fauffe Sageffe des hommes.

CHAPITRE X.

De la gloire où JESUS-CHRIST *a
été élevé après fes foufrances.*

JUfques ici nous n'avons vû que les
humiliations de nôtre Divin Maître,
dans lefquelles pourtant on découvre
un fond de grandeur, de bonté & de
fageffe, par où la Providence a executé
fes vües, beaucoup mieux que fi elle
y eût employé des moyens éclatans;
Sous ce voile de foibleffe eft cachée
la plus grande force. ,, Il y a des
,, grandeurs de différent ordre, dit
,, Mr. *Pafcal* †. JESUS-CHRIST n'a
F 5   ,, point

† Penfées de PASCAL, Art. XIV.

„ point été grand selon le monde. Il
„ n'a point régné. Il n'a point brillé
„ entre les Savans du siecle. Mais il
„ a été humble, patient, saint devant
„ Dieu, terrible aux Démons, sans au-
„ cun péché. O qu'il est venu en gran-
„ de pompe, & en une prodigieuse
„ magnificence, aux yeux du cœur &
„ qui voyent la sagesse !

Cet abaissement n'a pourtant pas
été tel, qu'on ne vit paroitre en lui
quelques rayons de la Majesté céleste.
Dieu n'a pas voulu qu'on pût le méconnoitre, dès qu'on se rendroit attentif. Toute obscure que paroit sa naissance, elle fut réhaussée de plusieurs
circonstances extraordinaires. Ce qui
arriva à son Batême & à sa Transfigura-
tion, est aussi une sorte de distinction
bien glorieuse. Et quel plus beau spec-
tacle que de voir les miracles qu'il fait?
Y eut-il jamais un Roi sur son trône qui
ait paru plus grand que JESUS, quand
il impose silence aux vents, quand il
calme la mer, quand d'une seule parole il guérit les malades, il tranquil-
lise les démoniaques, il rend la vüe

aux

aux aveugles, quand il dit *Tes péchez te sont pardonnez*, quand il appelle Lazare déja couché dans la tombe, & lui dit, *Lazare, sors dehors ?* Si Dieu a permis que son Fils s'abaissât pour les raisons que nous avons dites, il a pris soin aussi de le faire connoitre, même dans les jours de sa chair, par des traits assez brillans.

Mais enfin ce mystére d'humiliations cesse. Tout étant accompli par la mort de JESUS, voici son exaltation qui commence. Que ceux qui ont été choquez de sa bassesse ouvrent maintenant les yeux sur sa grandeur. S'il étoit demeuré dans le tombeau, l'on auroit sujet de dire que ce n'est pas là un état digne du Fils de Dieu. Mais il ressuscite. Quel triomphe plus beau ! La gloire de sa Résurrection efface entierement l'ignominie de sa Croix. Et même on voit par-là qu'il étoit à propos qu'il mourut, pour aprendre à tout le monde que c'est par les combats & par les souffrances que l'on parvient à l'immortalité: *Ne falloit-il pas que le* CHRIST *soufrit ces cho-*

S. Luc. XXIV. 26.

*chofes , & qu'il entrat ainfi dans fa
gloire ?* On voit encore qu'il étoit à-
propos qu'il mourut, pour reffufciter.
& pour fe montrer par-là vainqueur
de la mort, fans quoi nous n'aurions
pas une fi grande certitude qu'il foit le
Prince de la vie, ni qu'il puiffe donner aux fiens l'immortalité qu'il promet. C'eft ce que remarque fort bien
Eufebe:　,, Il falloit que JESUS paffat
,, par cette terrible épreuve, afin de
,, fortifier fes Difciples dans l'attente
,, d'une autre vie, non-feulement par
,, des promeffes & des paroles , mais
,, par un exemple & un fait fenfible ,
,, afin qu'ils n'héfitaffent point à por-
,, ter fa fainte Inftitution par toute la
,, terre ,,.

Après être reffufcité, il ne demeura
fur la terre qu'autant qu'il falloit, afin
que fes Difciples euffent le tems de fe
bien convaincre de la vérité de fa Réfurrection & de recevoir fes derniers
ordres. Enfuite il fut élevé au Ciel
en leur préfence. Cette gloire lui étoit
düe après fes travaux. Il falloit qu'il
reprit le rang qui lui apartenoit, &
qu'il

Dem. Evang. Liv. IV. Ch. 12.

qu'il fit voir hautement par-là qu'il n'étoit point un Docteur terreftre, mais célefte. D'ailleurs cela étoit afforti à la nature des promeffes qu'il nous a faites. Il promet l'entrée du Ciel à ceux qui voudront le fuivre. Pour leur en donner un gage certain, il y entre le prémier, comme pour leur préparer la place. Sa parole eft toûjours foutenüe de l'exemple : Moyenant cela il peut dire d'un ton ferme : *Celui qui vaincra, Je le ferai affeoir fur mon trône, comme auffi j'ai vaincu, & je fuis affis fur le trône de mon Pére.* *Apocal, III. 21.*

Son Afcenfion fut fuivie des dons miraculeux du S. Efprit qu'il répandit fur fes Difciples. Cela étoit néceffaire pour les confoler de fon abfence, pour les animer à finir fon ouvrage, & pour leur en donner la force. D'un côté il falloit vaincre les préjugés des Juifs & des Payens ; Il falloit furmonter des obftacles de toute efpéce ; Il falloit combattre également contre la Puiffance & contre la fauffe Sageffe des hommes; Il falloit changer la face du monde. De l'autre côté, il n'étoit pas à propos

que

que cela se fit par des armes charnel-
nelles, ni par des moyens humains.
Dieu vouloit employer de foibles instrumens pour exécuter cette grande
œuvre, afin que tout l'honneur lui en
fut réservé. Il falloit donc munir les
Apôtres d'une lumiere toute divine &
d'un pouvoir surnaturel, qui suppléat
à leur foiblesse.

C'est par ce moyen qu'ils vinrent à
bout de fonder l'Eglise : merveille qui
subsiste actuellement, & qui met encore sous nos yeux la gloire de Nôtre Sauveur. Dira-t-on qu'il n'a point
parû d'une maniere digne de lui, & re-
prochera-t-on encore à nôtre Religion,
de n'avoir pas eû des commencemens
plus brillans, quand on voit les pro-
grès merveilleux qu'elle a faits ? Les
Princes paroissent avec éclat durant leur
vie. Mais ont-ils les yeux fermez ?
leur puissance tombe, leurs projets
s'évanouissent, tout est enseveli avec
eux. Le régne de JESUS est tout différent. Il est caché pendant sa vie ; Il
brille dans la suite des âges. Qui
l'eut vû dans l'état abject où il se mon-
troit

troit ici bas, auroit dit que son nom
alloit bien-tôt s'éteindre avec lui. Il
sembloit que la seconde génération
n'en devoit plus entendre parler. Cependant voilà plus de dix-sept siécles
écoulez, & non seulement on parle de
lui, mais on bénit son nom jusqu'aux
bouts de la terre; Sa Parole reten-
tit en tous lieux; Plusieurs Rois jettent leur couronne à ses pieds: Sa
Croix est devenue un trophée. Ce
JESUS tout pauvre qu'il a parû, ce
JESUS si indignement foulé aux pieds
& crucifié, a pourtant fondé un Empire plus étendu & plus durable qu'aucun des Conquérans dont l'histoire fasse
mention: *Parce qu'il s'est abaissé lui-* Phil. II.
même, Dieu l'a souverainement élevé
& lui a donné un Nom qui est au-dessus
de tous les noms, afin qu'au Nom de
JESUS, *tout ce qui est au Ciel, sur la*
terre, & sous la terre, fléchisse le genou,
& que toute langue confesse que JESUS *est*
le Seigneur, à la gloire de Dieu le Pére.

Q'on ne fasse donc plus, de la
pauvreté & des soufrances de JESUS-
CHRIST un sujet de raillerie, com-

me

me font les profanes. Il a été Grand
& admirable jufques dans fes humiliations. Par-là s'accompliffoient les deffeins profonds de la Providence. Enfuite & quand il en a été tems, on
a vû briller en lui une puiffance, dont
rien de tout ce qui fe voit fur la terre
n'aproche ; Et pour dernier trait de
gloire, nous verrons qu'il doit auffi
être le Juge du monde.

Concluons de-là que toute cette
économie, qu'on apelle *l'économie de
Grace*, dès qu'on veut l'examiner faine-
ment, n'a rien qui ne foit digne de
Dieu, qui ne foit falutaire à l'homme,
& qui ne réponde parfaitement à ce
qu'on devoit attendre d'une Révélation célefte.

CHAPITRE XI.

De l'immortalité de l'ame & de la réfurrection du corps.

LA derniere partie de la Foi Chrêtienne regarde la *vie à venir* ;
furquoi l'Evangile nous enfeigne plufieurs

fieurs véritez importantes ; les unes en partie connües par la lumiere naturelle, les autres qui font de pure Révélation.

Je mets au prémier rang l'*immortalité de l'ame.* Il eft sûr que l'ame étant d'une nature immatérielle ne porte point en elle-même des principes de deftruction, comme le corps. Il paroit auffi par cette nobleffe de defirs & de facultez qu'on y remarque, & par les Loix Morales que Dieu nous a données, que le plan de la Providence à nôtre égard ne fe termine point au court efpace de cette vie. Auffi les plus grands Philofophes ont-ils compris que la partie *fpirituelle* de nous-mêmes n'eft point enfevelie avec nos cendres ; & il n'y a guéres de peuple, qui, foit par tradition, foit par un raifonnement naturel, n'ait eû quelqu'idée de cette vérité.

Mais à dire vrai, ce n'étoit chez eux qu'une idée légére & confufe, comme on l'a vû ci-deffus †. Quelques Sectes parmi les Payens traitoient cette opinion de chimére ; & ceux qui en parloient

† Sect. I. Chap. 2.

                le

le mieux, comme *Socrate*, *Platon*, *Ciceron*, *Sénéque*, n'en parloient que d'un ton chancelant, moins par conviction que par goût & par defir *.
Les Juifs non plus ne trouvoient que peu de clarté là-deffus dans leur Loi ; ce qui donnoit lieu aux *Sadducéens* de rejetter ouvertement ce dogme. Encore à préfent, quoique la Philofophie foit pouffée fort loin, où en ferions-nous fur ce point capital, fi la Révélation ne nous prêtoit fa clartè ? Après avoir bien raifonné, on fent ou que ces raifonnemens n'ont pas encore toute l'évidence néceffaire, ou qu'ils font trop fubtils pour le commun des hommes, & qu'il eft fort à fouhaiter que l'on ait une déclaration expreffe de la volonté de Dieu, pour produire une ferme conviction dans les efprits. Or cette déclaration expreffe fe trouve dans le Nouveau Teftament, réiterée prefque à chaque page, & d'une maniere à ne laiffer aucun doute. *La Grace*, dit S. PAUL, *nous a été préfentement manifeftée par l'avénement de* JESUS-CHRIST *nôtre Sauveur*,

le-

* Sect. I. Chap. 3.

2. Tim. I. 10.

lequel a détruit la mort, & a mis en évidence la vie & l'immortalité par l'Evangile. Auffi ne voit-on pas que jamais ce Point ait été contefté parmi les Chrêtiens, tant il eft enfeigné clai-rement & pofé en principe. C'eft là fans contredit une prérogative inefti-mable du Chriftianifme: ,,La Loi de ,,Moïfe ne donnoit à l'homme qu'une ,,prémiere notion de la nature de l'a-,,me & de fa félicité... Les fuites ,,de cette doctrine, & les merveilles ,,de la vie future ne furent pas uni-,,verfellement dévelopées; & c'étoit ,, au jour du MESSIE que cette gran-,,de lumiere devoit paroitre à décou-,,vert ,,.

Difc. fur l'Hiftoir. Univerf. Tom. II.

Pour mieux affurer nôtre état à ve-nir, l'Evangile nous parle, non feule-ment de l'immortalité de l'ame, mais de la *réfurrection du corps;* article fur lequel la Raifon feule ne nous auroit rien apris; puifqu'à regarder la cho-fe en elle-même, on n'y voit nulle apparence; & qui diroit que cela doit arriver par les feules caufes naturelles, diroit une chofe peu vraifemblable.

G 2

Mais

Mais dès que Dieu nous le révéle, dès
que nous favons que fa Puiffance y
veut intervenir, il n'y a plus de difficulté. Car qui empêchera que la même main qui a fait l'homme ne puiffe
le remettre fur pié ? Faut - il un plus
grand miracle pour lui rendre la vie,
que pour la lui avoir donnée une fois?
Et fi le prémier homme eft forti de
terre, où eft l'impoffibilité que la cen-
dre des morts fe ranime fous la main
du Createur ? ,,Pour croire ce que
,,l'Evangile dit que nous deviendrons
,,un jour, dit *Minutius Felix*, il n'y
,,a qu'à voir ce que nous avons été,
,,& d'où eft forti le corps que nous
,,portons. Eft-il déraifonnable de pen-
,,fer que l'homme renaiffe, puifqu'il eft
,,déja né ? Il ne devient par la mort
,,que ce qu'il étoit avant fa naiffance;
,,& la même main qui l'a formé peut
,,lui rendre le jour; d'autant mieux que
,,d'ordinaire il en coûte moins pour
,,réparer un ouvrage que pour le faire
,,à neuf. Penfez vous que ce qui dif-
,,paroit à nos yeux pefans & foibles,
,,foit perdu aux yeux de Dieu ? Un
,, corps

,, corps vous devient imperceptible
,, quand il eſt ou réduit en poudre,
,, ou diſſous par l'eau, ou conſumé par
,, le feu. Mais ce qui échape à nos
,, égards n'échape pas à celui qui garde
,, tous les élémens *,,.

Il eſt vrai que la difficulté eſt plus
grande quand on conſidére que ce qui
fait la ſubſtance d'un corps peut enſuite faire la ſubſtance d'un autre, comme il arrive quand les hommes ſe nour-
riſſent de chair humaine, ou de ce qui
peut en être provenu par les diverſes
révolutions qui arrivent dans la Nature.
Alors comment rendre à un homme la
matiere qui lui apartient, ſans l'ôter à
un autre?

Mais 1°. il eſt facile à Dieu, comme
l'obſerve *Grotius* †, d'interpoſer ſon
pouvoir pour ſauver toûjours quelque
partie d'un corps expoſé à de pareils ac-
cidens; ce qui ſuffiroit pour le rétablir
enſuite; le corps d'un homme dans
l'âge mûr étant ſenſé le même qu'il

G 3

étoit

---

* On trouvera beaucoup de remarques très-ſen-
ſées ſur le même ſujet dans la *Réponſe de* JUSTIN
MARTYR *aux Grecs*.

† GROTIUS *de Verit. Relig. Chriſtian.* Lib. II. §. 10.

étoit dans l'enfance , bien qu'il foit prefque tout compofé d'un accroiffement de parties étrangéres.

2o. L'on peut dire auffi , qu'il importe peu que nous retrouvions précifément la même matiere que nous portons aujourd'hui ; puis qu'auffi-bien la fubftance de nôtre corps change & fe renouvelle dans les différens âges. Pour faire la même perfonne, il fuffit qu'il y ait un corps formé à peu près de même , fur-tout par raport aux traces du cerveau qui aident à garder le fouvenir des chofes paffées, & que ce corps foit toûjours uni à la même ame. C'eft uniquement dans ce fens qu'on peut dire de quelqu'un , qu'il eft un feul & même homme dans fa jeuneffe & dans fa vieilleffe. Car d'ailleurs il s'en faut beaucoup qu'il ne foit compofé des mêmes portions de matiere prifes numériquement. Il ne s'agit pas ici de chercher tant l'*identité* matérielle, que l'*identité* de la *perfonne civile & morale,* comme parlent les Jurifconfultes.

,,Enfin l'on pourroit auffi , (comme dit Mr. *Clark* ,) ,,fuppofer avec ,,beau-

,, beaucoup de probabilité , que ce Chrêt.
Chap. 17.
,, corps mortel & corruptible , dont
,, nous fommes maintenant revêtus ,
,, n'eft que comme la dépoüille de quel-
,, que principe caché , qui eft mainte-
,, nant infenfible , (peut-être le fiege
,, préfent de l'ame) & que ce princi-
,, pe , maintenant inconnu , fera mani-
,, fefté , au jour de la Réfurrection, dans
,, la forme qui lui eft propre ; de la
,, maniere à peu près , que chaque
,, grain de blé renferme un principe
,, féminal infenfible , dans lequel font
,, contenus & fon épi & fes feüilles
,, futures , qui fe développent , & qui
,, prennent vifiblement leur forme ,
,, après que le refte du grain s'eft cor-
,, rompu dans la terre. † Suivant cet-
,, te fuppofition encore, il n'y aura point
,, dans la Nature de confufion des corps.
,, Or il eft très remarquable que les an-
,, ciens Péres de l'Eglife fe font toûjours
,, fervis de cette comparaifon en parlant
,, de la Réfurrection , & que l'Apôtre
,, S. *Paul* lui-même en fait ufage ,,.
La Raifon ne fauroit donc trouver

G 4

au-

---

† ORIGENE contre *Celfe*, Liv. V.

aucune impoſſibllité dans ce dogme de la Réſurrection, quand Dieu nous le révéle. Et quoi qu'on ne pût rien eſpérer de ſemblable naturellement, il y a pourtant, dans la Nature même, des exemples qui ſemblent en aprocher. On vient de voir ce que dit *S. Paul* du grain qui germe & recroit contre toute apparence ; après qu'il a pourri en terre. Les métamorphoſes de la chenille & du ver à ſoye *, ne ſont pas moins ſurprenantes ; Et quand on prendra garde, à ce que les Naturaliſtes nous aprenent de quelques autres inſectes, & des germes de quelques plantes †, on ſera contraint d'avoüer que le renouvellement que nous eſpérons n'eſt pas ſi éloigné qu'on le penſe de tant d'autres merveilles que la Providence met ſous nos yeux, & que les Phyſiciens admirent ſans pouvoir les comprendre.

1. Cor. XV.

Ceux d'entre les *Athéniens* qui ſe moquérent du diſcours de *S. Paul*, dès qu'il vint à toucher cet article, ne prenoient

Actes XVII.

---

* Voy. BROWN, *Religio Medici*, p. 172.
† Voy. NIEWVENTHYT.

noient pas garde que plusieurs de leurs Sages, comme *Thales*, *Democrite*, *Theopompe* & *Platon* † avoient avancé quelque chose d'approchant; & que l'opinion des *Stoïciens* étoit qu'il doit y avoir un renouvellement de toutes choses, tant du corps que de l'ame. C'étoit aussi à peu près le sentiment des *Mages de Chaldée* *. Pour les Juifs, on sait, qu'excepté la Secte des *Sadducéens*, ils croyoient tous la Résurrection, fondez & sur quelques passages de l'Ancien Testament, & sur une doctrine assez commune des Orientaux. Mais il faut avoüer que c'est le Nouveau Testament qui a pleinement éclairci & fixé ce point de foi, de la maniere que nous le recevons.

Comme c'est ici une des choses à quoi nous aurions le moins de lieu de nous attendre selon le cours de la Nature, Dieu a pris soin de munir doublement nôtre foi là-dessus, 1º. par des déclarations formelles & réïterées,

2. Mac-
cab. VII.

G 5   com-

---

† Voy. la Dissertation de Dom CALMET sur la resurrection des morts.

* Voy. CLEMENT. ALEX. Strom. V.

comme celle du Vme. Chapitre de S.
JEAN: *Le tems viendra où tous ceux
qui font dans les fépulcres entendront
la voix du Fils de l'homme. Ceux qui
auront fait de bonnes œuvres reffuf-
citeront pour joüir de la vie, & ceux
qui en auront fait de mauvaifes reffuf-
citeiont pour être condamnez.* 2°. A
la parole il joint les exemples. On
a vû un prélude de la réfurrection générale par celle de *Lazare* & de quelques autres perfonnes à qui Nôtre Seigneur rendît la vie, afin qu'on ne
doutat point qu'il n'eut le pouvoir
d'exécuter ce qu'il promettoit. Bien
plus, il eft forti lui-même vivant du
tombeau. Par cet exemple de nôtre
Chef nous voyons ce qui doit nous arriver; & fa réfurrection eft un gage de
la nôtre, comme le dit *S. Paul* en divers endroits: CHRIST *eft reffufcité
& par-là il eft devenu les prémices de
ceux qui dorment. Car la mort étant
entrée dans le monde par un homme;
la réfurrection eft auffi venüe par un
homme; Et comme tous meurent par
Adam, de même auffi tous revivront
par*

I. Cor.
XV.

par CHRIST. *Comme nous avons porté l'image de celui qui est terrestre, nous porterons aussi l'image de celui qui est céleste.*

Mais, dit-on, à quoi sert ce dog- me dans la Religion, puisque nôtre ame étant la principale partie de nous-mêmes, il suffit qu'elle soit immortelle, & que c'est elle, & non le corps, qui est susceptible de bonheur ou de malheur ?

A cela je répons, que quand même nous ne verrions pas pourquoi Dieu juge à propos de faire une chose, il ne s'enfuit pas que nous ayons droit de la rejetter. Nous devons toûjours suppoter qu'il a des raisons fort sages pour agir comme il fait, quand même ces raisons nous feroient inconnües.

Que si pourtant on veut aprofondir la chose, on ne laissera pas de trouver encore de quoi se satisfaire.

1°. Outre que Dieu peut avoir, pour refaire une espéce de creature telle que l'homme, les mêmes raisons qu'il a eües pour la former au commencement; il paroit assez convenable que l'homme

me tout entier rende compte de fes actions, qu'il foit jugé dans le même état qu'il a péché, & que fon corps ayant été l'inftrument du bien ou du mal qu'il a fait, foit auffi l'inftrument ou de fon bonheur ou de fon fup-plice.

2°. Ce qui regarde l'état des *Efprits purs* eft un point obfcur, fur quoi la Philofophie a extrêmement varié, & qui paffe la compréhenfion du vul-gaire. Si on en étoit réduit là, les trois quarts des gens ne pourroient fe former aucune idée de la vie à venir; ce qui en afoibliroit la créance, & diminueroit l'impreffion que cette gran-de vérité doit faire fur nous. Mais qu'on nous dife que cette vie, que nous connoiffons par expérience, nous fera rendüe, & que l'homme tout en-tier fera rétabli en corps & en ame; le plus fimple s'en fait une image dif-tincte & fenfible, qui le frape tout au-trement que ne feroient des idées pu-rement intellectuelles. Par ce moyen la foi eft rendüe indépendante des fpé-culations Philofophiques, & vient fup-

pléer

pléer heureusement au peu de lumieres que nous avons sur la nature des Esprits.

Enfin le corps est peut être plus nécessaire qu'on ne pense pour l'état auquel Dieu nous destine dans la vie à venir. Car qui sait jusqu'à quel point une Ame comme la nôtre, qui n'a pas la perfection des plus hautes Intelligences, peut se passer du secours du corps? Qui sait si ayant été faite pour agir par le moyen de certains organes, elle ne perd point par la destruction de ces organes une partie de ses facultez, de ses idées & de sa mémoire, comme il arrive dans la vieillesse ou dans certaines maladies qui affoiblissent les sens? Qui sait si, sans ces instrumens extérieurs, il nous resteroit quelque moyen de nous communiquer nos pensées & de nous connoitre les uns les autres? Quoique l'esprit, dont le propre est de penser, ne puisse jamais être dépouillé totalement de cette faculté, il est à croire pourtant que sans le corps son état demeureroit imparfait, & que pour faire le bonheur complet

de

de nôtre nature, il faut que les deux parties de nous-mêmes se rejoignent, sur-tout puisque le corps qui nous sera rendu, ne doit pas être sujet aux infirmitez ni à la mort, mais sera glorieux & incorruptible, comme *S. Paul* l'explique au Chapitre XV. de la I. Epitre *aux Corinthiens.*

Cela suffit, ce me semble, pour montrer que ce dogme de la résurrection, bien loin d'être vn hors d'œuvre, quadre fort bien au plan de la Religion, & sert même à le relever très-avantageusement au-dessus de la simple Philosophie.

CHAPITRE XII.

De la fin du monde & du Jugement dernier.

2.S.Pier.
III. Sᴛ. Pɪᴇʀʀᴇ nous apprend qu'*au dernier jour les élémens seront dissous,*

---

* Voy. S. Aᴜɢᴜsᴛ. *de Civit. Dei,* Lib. XX. C. 24.

† *Quis enim sapientium dubitat, quis ignorat, omnia quæ orta sunt occidere, quæ facta sunt interire? Cælum quoque cum omnibus quæ Cælo continentur, ita, ut cæpisse, desinere. Stoïcis constans opinio est quod*

fous, & que ce monde fera brulé, avec tout ce qu'il contient, pour faire place à de nouveaux Cieux & à une nouvelle terre; ce qui peut fort bien s'entendre feulement de la terre que nous habitons & de l'air qui nous environne, felon l'ufage commun de l'Ecriture, d'appeller cette terre le *Monde,* & nôtre Atmofphére le *Ciel* *. On peut auffi l'entendre de nôtre Tourbillon entier, qui comprend les Aftres les plus voifins de nous. Il n'y a rien là que les Philofophes ne trouvent fort probable; & ils ne feront pas en peine d'en affigner des caufes toutes naturelles, ne fut-ce que par le moyen des feux fouterrains, & de tant de matiere inflammable qui ne peut manquer tôt ou tard de produire quelque grand bouleverfement. Cette fin du monde n'a pas été ignorée ni des Juifs ni des Payens †. Les Stoïciens ont compris

que

---

confumpto humore mundus hic omnis ignefcat. Et Epicureis de elementorum conflagratione & mundi ruina eadem ipfa fententia eft. MINUT. FELIX. C'étoit auffi le fentiment d'*Heraclite.* Voy. SIMPLICIUS, *Comment.* fur le Livre d'*Ariftote* touchant le Ciel, *Liv. I. Chap.9.* CICERON l'attribue expreffément

aux

que cela devoit arriver un jour; & dès les anciens tems il couroit une Tradition, dont l'historien *Josephe* †, & même quelques Poëtes ont parlé *, que comme la terre a péri une fois par l'eau, elle doit aussi périr par le feu.

Quant au Jugement universel, l'Ecriture Sainte nous dit plusieurs choses.

1°. Elle pose la certitude de ce Jugement comme incontestable. Et en cela que dit elle que la conscience ne dicte, & de quoi tous les peuples n'ayent reconnu la nécessité? Dès que Dieu nous a donné des Loix, l'ordre veut qu'il nous demande compte de la maniere dont nous les aurons suivies ou violées; autrement ces Loix seroient frivoles; La qualité de Legislateur

___

aux Stoïciens, *Liv.* II. *De Nat. Deorum.* *Ex quo eventurum ut ad extremum mundus omnis ignesceret, cùm, humore consumpto, neque terra ali posset, neque remearet aër, cujus ortus, aquâ omni exhaustâ, esse non posset: ita relinqui nihil præter ignem, à quo rursùm animante, ac Deo, renovatio mundi fieret.* SENEQUE dit la même chose *ad Martiam.*

† *Antiquitez Judaïques, Liv.* I. *Ch.* 3. ,,On tient ,,qu'*Adam* a prédit que le monde doit périr, ,,une fois par l'ardeur du feu, & une fois par ,,un débordement d'eau.

teur emporte celle de Juge ; L'une eſt
une ſuite de l'autre. Comment un
Dieu tout ſaint & tout juſte laiſſeroit-
il le crime impuni , & la vertu ſans
récompenſe ? Comment ſouffriroit - il
que l'innocence demeurat opprimée ,
pendant que l'injuſtice triompheroit,
comme il arrive ſouvent ici bas ? Et
les Rois ou les Grands du monde ,
qui n'ont perſonne au - deſſus d'eux
parmi leurs ſemblables , quel frein auroient-ils dans l'abus de leur pouvoir,
s'il n'y avoit pas un Tribunal ſupérieur
pour les juger comme le reſte des humains ? De tout tems on a murmuré
de cette confuſion qui ſemble régner
entre les bons & les méchans ; On en
a pris occaſion de conclurre , ou que
la Divinité ne prend point garde à ce
qui ſe paſſe en ce bas monde , ou

H que

* On connoit ce mot de Lucain , Liv. VII.

Communis mundo ſupereſt rogus . . .

Et ces Vers d'Ovide Metam. Liv. I.

Eſſe quoque in fatis reminiſcitur , adfore tempus
Quo mare, quo tellus , correptaque regia Cæli
Ardeat, & mundi moles operoſa laborat.

que la vertu n'eft qu'un vain nom, & que c'eft une folie de s'y attacher. La manifeftation du Jugement dernier ferme la bouche à de tels accufateurs. C'eft un dénoûment qui léve toutes les difficultez, qui juftifie hautement la Providence, & qui donne la clé de ce qui nous avoit parû un énigme. Quiconque eft amateur de la vertu doit voir avec joye l'apui qu'elle trouve par ce moyen †. L'Evangile ne fait que déterminer ce que la droite Raifon voyoit bien devoir être une fuite du fyftéme des Loix Morales, fans pourtant en avoir des preuves affez pofitives. Ce n'eft ici que l'exécution de ce que les gens fages de tous les fiécles ont régardé comme néceffaire à l'ordre & au bien public.

2°. Pour les circonftances du Jugement dernier, la fimple Raifon ne nous en dit rien. Il faut confulter la Révélation; Et ce qu'elle nous en dit eft tout-à-fait digne de la Sageffe Divine.

Elle nous dit que ce fera un Jugement

---

† *Nolunt impii fupereffe ad Judicium, ideoque non credunt.* MINUT. FELIX.

ment public & univerſel, tant pour les *vivans*, c'eſt-à-dire, ceux qui ſe trouveront en vie au dernier jour, que pour ceux qui ſeront *morts* dans les ſiecles précédens, & qui reſſuſciteront. Il eſt convenable qu'il y ait un Jugement public, pour vanger hautement la Majeſté des Loix Divines, & pour faire voir que rien n'échape à la Juſtice céleſte, les têtes les plus ſuperbes étant obligées de paroître devant ce Tribunal, les crimes les plus cachez étant mis en évidence, & la vertu calomniée ou inconnüe, étant remiſe en honneur ; ce qui ne ſert pas peu à augmenter la confuſion des uns & la gloire des autres ; Les ſentences des Juges acquiérent beaucoup de poids par la ſolemnité qui les accompagne.

3°. Dieu n'exercera point ce Jugement par lui-même. L'Evangile nous déclare, que le Pére a remis ce pouvoir au Fils ; ſoit parce que s'agiſſant de juger des hommes, il falloit leur donner un Juge viſible ; ſoit parce que c'eſt une ſuite de l'autorité dont il l'a revêtu, en le donnant pour Chef

S. Jean V. 22. *Actes* XVII. 31. 2. Cor. V. 10.

à l'Eglife. Cela fert à relever infiniment la dignité de JESUS-CHRIST,
& à nous le rendre plus refpectable.
Cela fert à effacer l'ignominie de fa
Croix. Quel contrafte en effet de l'é-
tat vil & abject où il a parû fur la
terre, avec celui où il paroitra alors!
Quelle confufion pour fes ennemis, en
le voyant devenir leur Juge? Quelle
confolation pour les fidéles qui n'ont
point méprifé fa baffeffe, que d'être
témoins de la gloire dont il fera en-
vironné! Et quel Juge plus favorable
pouvions-nous fouhaiter que celui-là
même qui a été nôtre Redempteur *.

4°. Nous ferons jugez fur nos actions, fur nos paroles, fur nos penfées, c'eft-à-dire, les penfées que nous
avons aprouvées, & qui ont influé
dans nôtre conduite. Le Souverain
Juge, qui fonde les cœurs, a égard
aux intentions mêmes, auffi-bien qu'à
ce qui s'eft executé réellement. Il
nous jugera fur nos actions fecrettes,
ni

* Voy. SHERLOC, *du Jugement*, Partie III.
LACTANCE prétend que les Payens avoient
enire-

ni plus ni moins que fur celles qui font venües au jour. Il jugera les Grands comme les petits, fans diftinction; enforte qu'il n'y aura point de crime qui demeure impuni, point de bonne œuvre qui ne trouve fon falaire. Jesus-Christ nous déclare qu'il aura égard fur-tout aux actes de charité dont nous aurons ufé les uns envers les autres. La Juftice Divine suppléera ainfi à ce que la Juftice humaine ne fait pas; ce qui nous met dans l'obligation la plus étroite & la plus indifpenfable d'être vertueux, fans laiffer aucun fubterfuge aux méchans.

5°. Quant à la régle fur laquelle nous ferons jugez, il ne fe peut rien de plus équitable que ce que pofe l'Evangile. Chacun fera jugé felon les lumieres qu'il a reçües. C'eft ce que S. Paul fait entendre au 2. Chapitre *des Romains*, difant que *Ceux qui ont reçu la Loi*, c'eft-à-dire la Loi écrite ou

H 3 révé.

entrevû cette vérité, quand ils difoient, qu'*un fils de Jupiter étoit le Juge des Enfers.* Liv. VII. Chap. 22.

révélée, *seront jugez par cette Loi ;* & ceux qui ont *péché sans la Loi,* comme les Payens, *seront aussi jugez sans la Loi,* c'est à-dire, qu'ils n'auront à répondre que sur les principes naturellement gravez dans la conscience de tous les hommes, & que personne n'a droit d'ignorer. De même le Seigneur aura égard au plus ou moins de talens, de secours, & d'occasions que chacun aura eû pour remplir sa tâche, comme il le déclare lui-même : *Celui qui aura beaucoup reçu aura un grand compte à rendre, & plus on aura confié à quelqu'un, plus on lui redemandera.*

60. Par une suite de la même régle, il y aura divers degrez de peine ou de récompense, conformément à la plus exacte justice. Les diverses circonstances qui exténuent ou qui aggravent les fautes, seront pesées soigneusement, afin d'y proportionner la sentence que chacun doit subir. Les uns seront traitez *plus tolérablement* que les autres, dit l'Evangile ; & *le serviteur qui a le mieux connu la volonté de son maître, & ne l'a pas faite, sera*

celui

S. Luc.
XII. 48.

S. Matth.
X. 41. 42.
S. Matth.
XXIII. 14
2. Cor.
XI. 6.

celui qui recevra le chatiment le plus *févére.*

7°. Quant à la nature & à la durée de ces peines, l'Ecriture Sainte nous en fait la peinture la plus propre à nous remplir d'une frayeur falutaire; comme auffi elle nous dépeint la béatitude célefte des couleurs les plus agréables. *Les uns s'en iront à la mort éternelle & les autres à la vie éternelle.* Mais quelques terribles que foient les peines des méchans, aucun pourtant n'aura fujet de fe plaindre. Des gens qui perfévérans dans l'impénitence ont méprifé conftamment la félicité du Ciel, ne fauroient trouver étrange d'en être exclus pour toûjours; & le regret éternel qu'ils en auront, eft une forte de *ver rongeant*, qui fuffit pour faire leur fupplice. D'un autre côté il eft fûr que ce qu'ils auront à fouffrir de plus, fera tellement proportionné, comme nous l'avons dit, à ce qu'ils méritent, que toute langue demeurera muette devant Dieu, & fera obligée de reconnoitre la parfaite droiture de fes Jugemens.

H 4

En

En général l'Evangile nous enseigne,
que nous ferons entre les mains d'un
Juge parfaitement éclairé, parfaitement équitable, qui rendra exactement à chacun felon ce qu'il aura fait,
foit bien, foit mal. Il ne fe peut rien
de fi beau, ni de plus fage, que la
maniere dont S. P A U L expofe toute
cette doctrine du Jugement dernier,
(par où nous finirons auffi cette *Ex-*
pofition de la Foi Chrêtienne :) C'eft
au 2. Chapitre des Romains : *Dieu,*
dit il, *par un jufte Jugement rendra*
à chacun felon fes œuvres. Il donnera
la vie éternelle à ceux qui par la per-
févérance dans les bonnes œuvres, cher-
chent la gloire, l'honneur & l'immor-
talité ; Et il fera fentir fon indigna-
tion & fa colére à ceux qui aiment à
contefter, qui ne fe rendent point à
la vérité & qui obéiffent à l'injuftice.
L'affliction & l'angoiffe tomberont fur
tout homme qui fait le mal, fur le
Juif prémierement, puis auffi fur le
Grec. Mais la gloire, l'honneur &
la paix feront pour tout homme qui fait
le bien, foit Juif, foit Grec. Car
Dieu

*Dieu n'a point d'égard aux qualitez
extérieures des hommes.*

Conclusion de cette Prémiere Partie.

ON pourroit pousser plus loin cet
examen, & toucher encore quelques autres Points de la Théologie
Chrêtienne. Mais comme nous avons
examiné les principaux & les plus difficiles, il nous paroit que cela peut
suffire, pour en conclurre qu'il n'y eut
jamais de Théologie plus sainte & plus
vénérable que celle-là. Elle met au
jour toutes les véritez de la Religion
Naturelle, & leur prête une nouvelle
force, beaucoup mieux que la Philosophie n'a jamais sçu faire. Elle y ajoûte tout ce qui se peut desirer pour re-
tablir l'homme dans l'état de pureté &
de grace, dont il est déchû. Elle
forme le nœud d'une sainte Alliance
entre Dieu & l'homme. Elle surpasse
la Raison sans la combattre, & donne
à nôtre Foi des objets fort supérieurs
à tout ce qui se voit sur la terre, &

 à

à tout ce que la fageffe humaine pouvoit imaginer. Elle couronne la Loi Judaïque, en donnant ce qu'elle faifoit attendre, & en l'épurant de ce qui n'en étoit que l'acceffoire. Toutes les parties de cette Théologie font fuivies & bien liées. Mais ce qu'il y a furtout de remarquable, c'est que ce ne font point là des fpéculations fimplement curieufes, ni des dogmes abftrus, comme on en voit ailleurs. *S. Paul* ne veut point que l'on s'attache à des queftions creufes, ni à des généalogies frivoles, ni à des difputes de mots; mais que l'on s'en tienne au fondement folide qui fert à nôtre édification. Tous les myftéres de l'Evangile font des *myftéres de pieté*. Ecoutons un excellent Auteur Anglois * : ,, Vous ,, ne trouverez dans la Religion Chrê- ,, tienne aucun dogme qui tende à flat- ,, ter la vaine curiofité de l'homme, ,, & à l'amufer par des fpéculations ,, fubtiles & infrudueufes. Vous trou- ,, verez encore moins que les articles ,, de

* *Sermon* du Docteur SHARP, Archevêque d'York.

„ de foi qu'elle propofe, ayent pour
„ but de donner de l'exercice à nôtre
„ crédulité, & d'éprouver jufqu'à quel
„ point nôtre Raifon eft capable de
„ fe foûmettre à la Foi. Ses dogmes
„ font clairs & fimples, & tout-à fait
„ dignes d'être crûs, à caufe de la
„ conformité qu'ils ont avec les facul-
„ tez raifonnables de l'homme. Ils
„ ont d'un autre côté une liaifon in-
„ time & un rapport immédiat avec
„ la pratique ; & ce font les vrais
„ principes & les fondemens folides,
„ fur lefquels tout ce qu'il y a de
„ vertu, foit humaine, foit divine,
„ doit être naturellement apuyé &
„ bâti „.

Ainfi la partie *dogmatique* de l'Evangile n'a befoin que d'être bien con-
nue pour attirer nôtre acquiefcement
& diffiper les préjugez qui s'élevent
contre elle. La fublimité & l'importance des véritez qu'elle renferme annonce affez d'où elle fort. C'eft une
Théologie toute célefte. Voyons préfentement fi la Nature des *Préceptes*
ré-

répond à la pureté des *Dogmes*. C'eſt le ſecond objet qui doit entrer dans le Tableau de la Religion.

Fin de la Prémière Partie.

TRAITE'

TRAITÉ
DE LA VERITÉ
DE LA
RELIGION
CHRETIENNE.

SECTION IV.

ARTICLE II.

De la Morale Chrêtienne.

CHAPITRE I.

Précis de la Morale Chrêtienne.

POur examiner la *Morale* Chrêtienne, nous en uferons comme à l'é-
gard des *Dogmes*. D'abord nous en
don-

nerons un précis ; & enſuite nous en ferons remarquer la beauté & l'excellence , par diverſes réflexions.

Tite II. 11. 12. S. Paul dit , que la *Grace de Dieu, ſalutaire à tous les hommes , a été manifeſtée , nous enſeignant de renoncer à l'impieté & aux paſſions mondaines , afin de vivre dans le ſiécle préſent ſelon la temperance , la juſtice & la pieté.* Ce peu de mots comprend tous nos dévoirs , & nous apprend à les ranger ſous trois claſſes ; les devoirs envers *Dieu* , envers *le prochain* , & envers *nous-mêmes.*

A l'égard de Dieu, l'Evangile veut que le regardant comme nôtre Créateur, nôtre Souverain Maître , & nôtre Pére commun ; nous ayons pour lui toute la vénération & la reconnoiſſance ; dont nous ſommes capables ; que nous ne craignions rien tant que de l'offenſer ; que nous l'aimions pardeſſus toutes choſes, & ne parlions de lui qu'avec un profond reſpect ; que nous lui rendions graces de ſes bienfaits, & implorions ſon aſſiſtance ; que nous ajoûtions foi à ſa Parole, & la

pre-

prenions pour régle de nôtre conduite; en un mot que nôtre cœur lui
soit entierement soumis & dévoüé.
Ces sentimens ne doivent pas se ren-
fermer au dedans; Il faut les faire paroitre au dehors par un *culte* public,
qui ne consiste plus, comme autrefois,
en des sacrifices, ni en beaucoup d'ob-
servances rituelles; Mais s'assembler pai-
siblement, pour invoquer Dieu d'une
commune voix, pour chanter ses loüanges, pour s'instruire dans sa Parole, pour
s'entr'exhorter, pour secourir les pauvres, & pour entretenir l'uniondes fidéles; voilà le service de la Nouvelle Loi:
à quoi il faut joindre deux cérémonies,
aussi simples qu'édifiantes, savoir le
Batême, par où l'on est initié dans
l'Eglise, pour avoir part à l'Alliance
de Dieu, & se voüer à une vie pure
& sainte; & l'*Eucharistie*, sorte de
repas fraternel, où en faisant commé-
moration de la mort de nôtre Sauveur, nous nous engageons à lui être
fidéles, & pour l'amour de lui, à faire
toutes sortes de bonnes œuvres, particulierement à nous aimer les uns les
autres comme il nous a aimez.

Ces

Ces prémiers devoirs envers Dieu, conduifent déja, comme l'on voit, aux devoirs qu'il faut remplir envers les autres hommes. Mais outre cela, nous avons des Préceptes fi exprès & fi beaux, de juftice, de bonne foi, d'équité, & de bénéficence, qu'on ne peut rien fouhaiter de plus. Nôtre Seigneur ne veut pas que l'on fe contente d'une juftice femblable à celle des Pharifiens, c'eft-à-dire d'une fimple probité civile ou mondaine.   Il exige beaucoup plus de fes Difciples.   La *charité* va beaucoup plus loin que l'étroite juftice, & c'eft de la charité que Nôtre Seigneur fait pour ainfi dire, le caractére & l'étendart de fa Religion.   Cette charité doit être dans le cœur; elle confifte à aimer fon prochain auffi fincérement qu'on s'aime foi-même, & par conféquent à lui rendre toutes fortes de bons offices, tant en actions qu'en paroles. La régle de Nôtre Seigneur là-deffus eft de faire à autrui ce que nous voudrions qui nous fût fait. Cette charité eft univerfelle; elle embraffe tous les hommes, quoi
qu'a-

qu'avec divers degrez de confiance ou d'affection, felon les diverfes rélations que nous avons avec eux. Ceux mêmes qui nous haïffent n'en doivent pas être exceptez. JESUS-CHRIST nous exhorte à leur pardonner, & à leur rendre généreufement le bien pour le mal, afin d'être les enfans du Pére célefte, qui répand fes bienfaits jufques fur des ingrats. Voilà l'héroïfme du Chrêtien. Il n'eft ennemi de perfonne, il ne fe vange point, il détefte le vice en ménageant & fupportant les vicieux pour les gagner par la douceur; il ne connoit ni reffentiment, ni envie, ni malignité; & fon plaifir eft de faire, autant qu'il le peut, du bien à tout le monde. Outre ces Préceptes généraux, l'Evangile entre dans le détail des conditions particuliéres, pour donner des leçons propres à chacune, par exemple, comment fe doivent comporter les Princes & les Sujets, les maîtres & les ferviteurs, les maris & les femmes, les Péres & les enfans. Il n'y a point d'état dans la vie qui n'y trouve les directions néceffaires.

I

Pour

Pour ce qui nous regarde nous-mêmes, nos devoirs fe raportent à la *Temperance* dans l'ufage des biens, & la *Patience* dans les maux. Au lieu que les Loix Civiles ne condamnent que les excès les plus crians, l'Evangile veut que nous travaillions fi bien à purifier nôtre vie, nos paroles & mêmes nos penfées, qu'il n'y ait rien en nous qui ne réponde à la fainteté de nôtre vocation ; Que la fornication, l'yvrognerie, la gourmandife, la fenfualité & l'oifiveté, ne foient point connües parmi nous ; Que chacun s'adonne à un genre de vie fobre, chafte, frugal & laborieux, pour être utile aux autres & à foi-même ; Que l'on fuye l'ambition, le fafte & la moleffe, comme autant de peftes ; Que l'on fuporte patiemment l'adverfité, que l'on foit humble dans la profperité ; Que chacun faffe un bon ufage de fes talens & de fes biens, comme ayant à en rendre compte à Dieu ; Que dans tous les états, nous nous montrions modérez, tranquilles & réfignez aux ordres de la Providence, détachez du monde, jouïf-

fant

fant de la vie fans trop de foucis,
avançant vers la mort fans crainte,
comme des gens qui ne font que des
voyageurs ici bas, ayant toûjours en
vûe une meilleure patrie, prêts à
tout fouffrir & à tout quitter pour
y parvenir. Enfin il ne fuffit pas
que cette régularité des mœurs foit
extérieure; elle doit être réelle &
venir du cœur. On ne doit pas fe
contenter de s'abftenir du mal; il faut
en éviter jufqu'à l'apparence. Si l'on
a le malheur de commettre quelque péché, on le doit réparer auffi-tôt, &
s'amender fincérement. Il ne faut
pas fe borner à quelques vertus, mais
chacun doit fe faire une étude de les
embraffer toutes, & de tendre fans
ceffe à la perfection, pour approcher,
autant que nôtre foible nature le permet, de Dieu lui-même & de JESUS-
CHRIST qui nous font propofez pour
modéle. Tel fera le Chrêtien, s'il fuit
les Préceptes que fon divin Maître lui
a laiffez.

Pour peu qu'on ait lû le Nouveau
Teftament, on ne niera pas que tous

ces

ces Préceptes n'y foient renfermez avec beaucoup plus d'étendüe & de force que nous ne les raportons. Que l'on prenne un recueil des paffages de l'Ecrirure Sainte, ou quelque Livre, comme la *Pratique des Vertus Chrêtiennes*, ou tel autre que l'on voudra dans ce genre, on y verra plus au long ce que nous ne faifons qu'indiquer. Et en même tems on fe convaincra que c'eft un fyftême de Morale, auffi pur, auffi exact & auffi complet qu'on puiffe le defirer.

Pour le mieux fentir, il fera bon de l'envifager fous diverfes faces :

1°. Du côté de la juftice naturelle, en ce que ce font des Préceptes fort équitables en eux-mêmes, & conformes à la droite Raifon.

2°. Du côté de l'utilité, en ce qu'ils fe raportent véritablement au bien tant de la focieté humaine en général, que de chacun en particulier.

3°. Du côté de l'efficace, en ce qu'ils font propofez clairement, folidement, & munis de tous les motifs & de tous les fecours qui peuvent leur donner du poids, & en faciliter la pratique.

Et

Et 4°. par opposition aux autres Loix ou doctrines, en ce qu'on ne trouve point ailleurs de Morale comparable à celle-ci.

Si ces quatre Points sont bien démontrez, je ne crois pas que l'on puisse contester à la Loi Chrêtienne le caractére de perfection que nous lui attribuons.

CHAPITRE II.

De la justice & de la sainteté des Préceptes de l'Evangile.

IL ne faut que proposer les Préceptes dont nous avons parlé, pour que tout le monde en sente la justice. Car nonobstant nôtre corruption, il reste en nous des principes ineffaçables de droiture, qui nous font discerner le bien du mal, & ce qui est honnête de ce qui ne l'est pas. C'est là-dessus qu'est fondé le *Droit Naturel*. Ceux même qui ne sauroient pas déduire les conséquences de ces principes, ni en

faire

faire une juſte application, ſont frapez
de ce qu'on leur dit d'équitable. La
conſcience en eſt le Juge. Or qu'eſt-ce
que la conſcience la mieux éclairée &
la plus délicate reprendroit dans l'Evangile? Y a-t-il quelque article de cette
Morale qui ſente le relachement, & qui
confonde le vice avec la vertu? Y en
a-t-il aucun qui porte les hommes au
mal, comme on peut le dire de tant
de coûtumes & de Loix qui ont cours
dans le monde? Cette Loi défend-
elle quelque choſe de bon, ou com-
mande-t-elle quelque choſe de mauvais? On n'oſeroit le dire. Tout y
eſt conforme à la droite Raiſon.

Les devoirs envers Dieu ſont une ſuite de l'idée que nous devons avoir de
ſa nature. Dès qu'on le connoit, il eſt
naturel & raiſonnable de l'honorer, de
lui obéïr & de l'invoquer. C'eſt un
tribut dû à ſes perfections. Il eſt
juſte de l'aimer par-deſſus toutes choſes, puiſqu'il eſt le centre de tout bien,
le Bien ſuprême. Tout eſt par lui &
pour lui. Plus l'homme s'unit à Dieu,
cherchant en lui tout ſon bonheur,

&

& se détachant de ses propres affections, plus il est dans l'ordre. Il n'é-
toit pas question d'aimer les Divinitez
Payennes, mais seulement de les servir, & de les gagner par un culte mer-
cénaire. L'Evangile établit le culte
du cœur; il veut que Dieu régne en
nous, & l'on a fort bien défini la
pieté Chrêtienne une *vie divine* dans
une Nature humaine. C'est l'adora-
ration en esprit & en vérité que Dieu
demande. *On ne le sert qu'en l'aimant,*
dit *S. Augustin*; & pour parler aussi
d'après Mr. *De Cambrai*:*   ,,Les au-
,, tres Religions ont consisté dans la
,, crainte des Dieux qu'on vouloit ap-
,, paiser, & dans l'espérance de leurs
,, bienfaits, qu'on tachoit de se pro-
,, curer par des honneurs, des prieres
,, & des sacrifices. La seule Religion
,, enseignée par JESUS-CHRIST nous
,, oblige à aimer Dieu plus que nous-
,, mêmes, & à ne nous aimer que pour
,, l'amour de lui... Le Christianisme
,, n'est que le renversement de l'ido-
I 4   ,, latrie

____

* Lettres sur divers sujets de la Religion .. p.22.

„ latrie de l'amour propre & l'établiſ-
„ ſement du vrai culte de Dieu par un
„ amour suprême.　Tout autre culte
„ n'eſt point une Religion „.

Si l'on a cette dévotion, quoi de plus naturel que de la laiſſer paroître par des ſignes extérieurs, qui ſervent en même tems à l'augmenter en ſoi-même & à la communiquer aux au-tres?　Tous les peuples ont reconnu la néceſſité d'un culte public.　Mais tous n'ont pas ſçu quel devoit être ce culte, parce qu'ils le proportionnoient aux fauſſes idées qu'ils s'étoient faites de la Nature Divine. Celui du Chriſ-tianiſme eſt également noble & ſimple. Quels encens plus exquis que des prie-res faites d'une commune voix! & quel plus bel hommage que de bénir le Créa-teur tous enſemble de cœur & de bou-che! *La louange de Dieu eſt bienſéante dans la bouche de l'homme droit,* dit le Pſalmiſte. *Sénéque* * avoit bien compris qu'il ne faut pas offrir à la Divinité de l'or ni des choſes précieuſes, & qu'elle

ne

---

* Cet endroit de *Sénéque* eſt raporté par Lactance, Liv. VII. Ch. 24.

ne demande ni des victimes, ni des Temples superbes , ni un service pompeux.
,, Il faut dans la Religion, dit *Lactance*†,
,, des offrandes & des sacrifices; mais de
,, quelle sorte ? Il ne les faut pas tels que
,, ces gens-là se l'imaginent. Tout ce qui
,, est corruptible & matériel n'a point
,, de proportion avec un Etre incor-
,, ruptible. Le don qu'il attend de nous
,, c'est celui d'un cœur droit ; le sacri-
,, fice qu'il demande , ce sont des loüan-
,, ges & des hymnes. Une Nature Spi-
,, rituelle & Invisible ne sauroit étre di-
,, gnement servie que par des choses qui
,, ayent quelque conformité avec Elle,,.

Les devoirs envers le prochain , tels que les propose l'Evangile , ne sont pas moins raisonnables. Chacun est d'abord frapé de la beauté de cette régle, qu'*il ne faut point faire à autrui ce que nous ne voudrions pas qui nous fut fait.* C'est une régle simple , courte, qui entre naturellement dans la conscience , & qui seule suffit pour nous déterminer dans la plûpart des occasions. Aussi le sage Empereur *Alexandre Sévére*, trou-

I 5   voit

† L A C T A N C E , *Liv. VII. Chap. 25.*

voit cette ſentence ſi belle, qu'il la fit graver dans ſon Palais & dans tous les Tribunaux, en ordonnant qu'un Héraut la prononceroit à haute voix toutes les fois que l'on méneroit un criminel au ſupplice. De même, puiſque tous les hommes ont une même nature, & ſont faits pour vivre en ſocieté, quoi de plus juſte que de s'entr'aider & de ſe ſuporter mutuellement ? Quoi de plus beau que de faire du bien à ſes ſemblables ? C'eſt la pure Loi Naturelle, C'eſt l'humanité même qui le dicte.

On avoüera auſſi, pour les devoirs envers nous-mêmes, que tout ce que condamne l'Evangile, comme la luxure, l'yvrognerie, l'orgueil, l'avarice, l'ambition, eſt en effet très-condamnable ; n'étant propre qu'à ſouiller & à deshonorer l'homme, au lieu que la modeſtie, la pudeur, la ſobrieté, l'égalité d'ame, la tempérance, ſont des qualitez qui attirent naturellement l'eſtime, & tout-à-fait dignes d'une creature raiſonnable.

Rendre à chacun ce qui lui eſt dû, voilà le fondement de tous ces Préceptes.

ceptes. Or c'eſt la définition même
de la *juſtice*. Les devoirs dont nous
avons parlé ſont une ſuite des diverſes
rélations que nous avons, ſoit avec
Dieu comme nôtre Créateur, ſoit avec
les hommes comme nos fréres, ſoit
avec nous-mêmes, çomme devans chercher tout ce qui perfectionne nôtre nature. Dans les devoirs particuliers de
chaque état, il ne s'agit auſſi que de
rendre à chacun ce qui lui apartient.
Que des enfans honorent leurs péres,
& que les péres aiment leurs enfans;
Que les ſerviteurs ſoient fidéles à leurs
maîtres, & les maîtres équitables envers leurs ſerviteurs; Que la fidélité &
l'affection mutuelle ſoient le lien de la
ſocieté conjugale; c'eſt le langage de
la plus pure Raiſon; Comme auſſi pour
la meſure d'attachement que nous devons avoir pour les biens du monde;
c'eſt la Sageſſe elle-même qui veut que
l'on préfére ce qui eſt durable à ce
qui eſt paſſager, & les biens ſolides à
ceux qui n'ont que de l'aparence. C'eſt
donner à chaque choſe ſon juſte prix,
que de dire avec S. PAUL: *Nous ne* 2. Cor.
regar- IV.18.

regardons point aux choses visibles, mais aux invisibles. Car les choses visibles ne sont que pour un tems, mais les invisibles sont éternelles.

Il est si peu possible de trouver à redire à la Morale Chrêtienne, qu'elle a toûjours fait l'admiration des ennemis mêmes de l'Eglise. *Ammian Marcellin* avoüe que la Loi des Chrêtiens n'enseigne rien que de bon & de juste. *Julien l'Apostat* ne pouvoit s'empêcher de proposer en exemple leur innocence & leur charité. *Pline*, Gouverneur de Bithynie, écrivoit à l'Empereur *Trajan* : qu',, il n'avoit rien trouvé de ,, répréhensible chez ces gens là, & ,, que bien loin que leurs assemblées ,, couvrissent aucun mauvais complot, ,, ils n'y alloient que pour s'engager ,, par serment à ne commettre ni lar- ,, cin, ni meurtre, ni brigandage, ni ,, adultére ; à ne point manquer à leur ,, parole, à ne point nier un dépot, &c. D'entre les Incrédules modernes, on en voit peu d'assez hardis pour ne pas rendre justice au moins à la beauté de la Morale Evangélique. Ils s'efforcent

L. XXII.
Ch. 11.

Epist. ad
Arsacium

PLINE
Liv. X.
Ep. 97.

cent feulement de faire voir qu'il y a
des Philofophes qui en ont aproché ;
ce qui n'eft pas tout-à-fait vrai, comme
nous le verrons ci-deffous ; mais cela
fert à montrer du moins qu'ils la re-
connoiffent pour très-raifonnable. Il n'y
a pas jufqu'à ceux qui s'en éloignent
le plus dans la pratique, qui ne l'admirent au moins dans la fpéculation,
& qui ne fuffent choquez fi on leur
en propofoit une autre. Ils veulent
même laiffer croire qu'il la fuivent réellement, & la recommandent à ceux
qui dépendent d'eux. Où eft le Prince
qui ne foit bien-aife d'avoir des fujets
tels que la Pieté Chrêtienne les forme?
Où eft le mari qui ne fouhaite de trouver dans fon époufe les qualitez que
S. Paul recommande aux femmes en
divers endroits? Où eft le pére qui
ne donne volontiers à fes enfans des
leçons femblables à celles qu'on trouve ici? L'Evangile nous demande de
la candeur & de la bonne foi. Qui
eft-ce qui ne fe tient pas offenfé fi
on le traite de menteur & de fourbe?
L'Evangile veut que nous foyons doux

&

& charitables. Eſt-il quelqu'un qui
voulut paſſer pour fier & pour méchant?
Tous ſe piquent de probité. Ce qu'on
n'eſt pas, on veut au moins le paroître. Et l'Evangile qu'exige-t-il, ſinon
que, ce que nous voulons paroître,
nous le ſoyons en effet? Certainement
rien ne fait tant d'honneur à la Morale
Chrêtienne que cette eſpéce d'hommage que les plus vicieux ſont forcez de
lui rendre. Chacun y applaudit, excepté dans ce qui touche ſon foible;
preuve certaine qu'il n'y a qu'une paſſion injuſte & aveugle, qui nous faſſe
quelque-fois ſoulever contre des Loix
ſi ſaintes.

CHAPITRE III.

Que la Morale Chrêtienne n'eſt ni trop rigide, ni trop relachée.

PErſonne juſqu'ici ne s'eſt aviſé d'accuſer la Morale Chrêtienne de relachement. On convient qu'elle eſt
fort pure, qu'elle ne flatte point les
paſſions, qu'elle n'épargne aucun vice,

&

& ne laiſſe en arriere aucune vertu. Il y en a plûtôt qui ſe plaignent de ſon auſterité, comme ſi à force de tendre à la perfection elle étoit plûtôt faite pour des Anges que pour des hommes. Par exemple, dit-on, n'eſt-ce pas outrer les choſes, que de vouloir que l'on aime ſes ennemis, que l'on renonce à ſoi-même, que l'on ſe coupe un bras, que l'on s'arrache un œil, que l'on s'expoſe au martyre, &c... La Nature & la Raiſon aprouvent-elles de ſemblables maximes?

Ces maximes pour être juſtifiées, n'ont beſoin que d'être bien entendues. L'Evangile n'empéche pas que nous ne ſoyons en garde contre ceux qui nous voudroient nuire, & ne condamne pas la juſte défenſe de ſoi-même. Mais il veut que quand quelqu'un nous a offenſé, bien loin d'en tirer vengeance, nous ayons la généroſité de lui pardonner, & même de lui ſouhaiter du bien & de lui en faire, reſpectant en lui la qualité d'homme, & nous ſouvenant que nous avons beſoin nous-mémes de ſuport en mille

occa-

occasions. C'eſt là véritablement un degré de bonté & de grandeur d'ame où peu de gens atteignent. Mais l'obligation n'en eſt pas moins juſte en elle-même ; & comment paroitroit-elle trop rude à des Chrêtiens avec les ſecours & les lumieres qu'ils ont, puiſque des Payens eux-mêmes n'en ont pas jugé ainſi ? *Lycurgue* * fit venir chez lui un homme qui avoit eû la brutalité de lui crever un œil ; & prit à tâche de le faire revenir par ſes bons traitemens des préventions qu'il avoit priſes contre lui. Quelqu'un ayant dit à *Zenon* : ✝ *Je te montrerai ce que c'eſt que de m'avoir pour ennemi ; Et moi,* répondit-il, *je ferai tant, que je te rendrai mon ami.* *Socrate* dit fort bien, qu'il ne faut point rendre outrage pour outrage. Les Ecrits de *Sénéque* & de *Marc-Aurele* ſont pleins de pareilles ſentences. ,, Ne vous rebutez point, ,, parce qu'il y a des ingrats, *dit le* ,, *pré-*

---

* Voy. PLUTARQUE dans la Vie de *Lycurgue.*

✝ Voy PLUTARQUE, ſur ce qu'il faut retenir ſa colere.

† Voy. SENEQUE, *de Ira*, Lib. II. Cap. 34. Et Lib. I. *de Beneficiis*, Cap. I.

prémier †. Outre que nous-mêmes
„nous sommes du nombre, on ne voit
„pas que les Dieux s’arrêtent à cela,
„puisqu’ils préviennent par leurs bien-
„faits des gens qui n’y pensoient pas,
„& qu’ils continuent d’en accorder à
„ceux qui n’en témoignent point de
„reconnoissance. Le jour luit pour des
„gens qui n’en sont pas dignes. Que
„n’imitons-nous la Divinité, autant
„que le peut nôtre foible nature ††.

Il est vrai que cela est fort oposé à
la régle du point-d’honneur qui s’est
introduite parmi les gens d’épée, &
qui veut qu’on lave un affront dans le
sang. Mais il sied mal de nous opposer une coûtume injuste & brutale, que
la Raison desaprouve aussi-bien que
l’Evangile **. Où est l’équité de se
faire justice à soi-même, & cela d’une
maniere, qui d’un côté ne met aucune proportion entre l’offense & la pei-

K

ne,

†† Voyez aussi le beau passage de Juvenal,
Satyre 13. où il fait voir que la vengeance marque de la bassesse d’ame, & n’a jamais été aprou-
vée par les grands hommes.
** Voyez la 138. Lettre de S. Augustin,
adressée au Comte *Marcellin.* Et le *Mentor Moderne,* Disc. XX. Tom. I.

ne, & de l'autre met l'innocent en danger de périr auffi-bien que le coupable ? C'eft uniquement la raifon du plus fort qui prévaut ici. Comment cela peut-il être permis là où il y a des Tribunaux pour régler les conteftations des particuliers ? † Et quoi de plus inhumain, quoi de plus cruel, que d'égorger fon ami fur la moindre querelle qui s'excite ? On fait que l'ufage des duels nous vient des Goths & des Lombards, qui dans les cas douteux vuidoient leurs différends par l'épée, dans l'opinion, que la Providence, qui régle le fort des armes, ne manqueroit pas de favorifer la bonne caufe. Il eft furprenant qu'une Jurifprudence fi barbare ait pût paffer jufques chez des Nations policées, comme on fe pique de l'être aujourd'hui. Les Grecs & les Romains, qui fe connoiffoient du moins auffi-bien que nous en véritable gloire, ont tout-à-fait ignoré

---

† C'eft un principe pofé dans le *Code* Théodosien, *Lib.* I. *Tit.* IX. *Leg.* XIV. *Etiamfi fit aliquis fceleribus implicitus, idcircò tamen judiciorum vigor, jurifque publici tutela videtur in medio conftituta, ne quifquam fibi ipfi permittere valeat ultionem.*

ré de semblables coutumes. Si quelqu'un en insultoit un autre, il en étoit
puni par les Loix, ou payé du mépris
que mérite l'insolence *. On a vû
même de nos jours des personnes dis-
tinguées se mettre au dessus du fol usage dont nous parlons, & se faire esti-
mer en le méprisant. Mylord *Gallo-
wai*, auparavant Marquis *de Ruvigni*,
dont la bravoure n'a jamais été équivoque, refusa nettement un cartel, en
disant, qu'il se croyoit obligé de garder son bras & son épée pour de meilleures occasions. Aussi voit-on que les
plus sages Princes ont pris à tâche de
réprimer la fureur des duels, comme
étant un des plus grands desordres qui
puissent s'introduire dans un Etat bien
réglé. On ne loüe rien tant dans le
long régne de Louïs XIV. que les
Edits qu'il a faits pour cela ; quoi qu'à
dire vrai, dans l'exécution de ces sortes d'Edits, il reste toûjours une chose à desirer ; c'est que l'on chatiat
ceux qui les violent, non - seulement

K 2

par

---

* Il y a là-dessus deux traits remarquables,
l'un de *Themistocle* & l'autre de *Pericles*.

par des peines corporelles, mais par
des flêtriſſures qui ſerviſſent à changer
réellement de ſi fauſſes idées d'honneur
qui ſont la racine du mal. Que ſi la
ſeule humanité, le Droit Naturel, & même les Loix Civiles, condamnent cette
coutume barbare, que diroit-on de la
Morale Chrêtienne ſi elle alloit juſqu'à
l'autoriſer ?

Quant à quelques-uns des devoirs
envers nous-mêmes, que l'on trouve
trop rigides ; on doit remarquer que
la Pieté Chrêtienne eſt pourtant bien
différente de cette dévotion triſte &
outrée, qui porte les gens à vivre en
Anachorétes, à renoncer à toutes les
douceurs de la vie, & à inventer des
macérations & des croix pour ſe tourmenter eux-mêmes. La Pieté Evangélique eſt douce, traitable & communi-
cative. Elle conſiſte plûtôt à uſer ſa-
gement des biens du monde qu'à s'en
priver tout-à-fait. Elle ſe permet les
plaiſirs innocens *. Elle ſait uſer de

tout

---

* Voyez le *Traité du Jeu* de Mr. Barbeyrac,
Liv. I. Ch. 3. où il montre fort bien quelle idée on

doit

tout avec sobrieté & actions de graces.
Mais elle fait aussi se priver de tout
quand la nécessité le requiert. C'est
ce qui est exprimé par les termes de
renoncer à soi-même, se couper un bras,
s'arracher un œil. On comprend bien
que ces termes ne doivent pas se prendre à la lettre. Cela veut dire seulement qu'il faut quelquefois savoir nous
arracher, pour ainsi dire, à nous-mêmes, & faire les plus grands sacrifices,
pour l'amour de Dieu & pour nôtre
salut; Qu'il faut dépouiller cet amour-
propre qui nous attache trop à nôtre
sens & à nôtre volonté , & nous laiffer conduire à la volonté de Dieu ;
Qu'il faut préférer le devoir & la juftice à tout ce que nous avons de plus
cher ; Qu'il faut déraciner nos mauvaises habitudes, quelque effort qu'il
nous en coute. Et pourquoi cela ?
Parce que ce font des habitudes incompatibles avec la perfection de nôtre nature & avec nôtre bonheur ; Il
faut donc nous corriger à tout prix.

K 3   La

doit se faire de la Morale Chrêtienne, contre ceux
qui en outrent les maximes.

La Loi Chrêtienne ne va pas jufqu'à détruire toutes les paffions. Il y en a de légitimes que le Createur nous a données pour nôtre confervation, & pour le bien de la focieté. Il ne s'agit que de les régler & de les bien diriger, ce qui a toûjours été regardé comme le plus bel effort de la fageffe. *Socrate* exhortoit fes difciples à tenir en bride les penchans du corps pour les foumettre à l'efprit. *Platon* † difoit que l'ame ne peut fe purifier qu'autant qu'elle fe détache des fens & des affections charnelles. *Salluſte* * veut que le corps obéïffe & que l'efprit commande. Il n'y a point de Moralifte qui n'ait compris que cela eft néceffaire; & quand on oppofe la difficulté de fuivre ces maximes, il n'y en a point qui ne réponde, comme fait un Poëte ‡: ,, Quoi, tandis que vous pre-
,, nez des remédes amers & que vous
,, fuportez des opérations douloureu-
,, fes, & tandis que vous faites vio-
,, lence à la nature pour guérir vôtre
,, corps

† PLATON dans le *Phædon.*
* SALLUST. *in bello Catil.*
‡ OVID. *de remed. amor.* ℣. 225.

„ corps de quelque mal, vous n'en
„ feriez pas autant pour guérir la playe
„ de vôtre ame? Où est-ce que le
„ courage seroit mieux placé? Il
„ est plus beau de se surmonter soi-
„ même que de forcer des remparts &
„ de vaincre des ennemis „.

L'obligation de tout souffrir pour la
Foi dans le tems de persécution, est
encore un des Préceptes de l'Evangile
qui font le plus de peine. Cependant
quoi de plus juste? Où est l'honnête
homme, qui ne se croye obligé de tenir sa parole, quand il lui en devroit
couter tout son bien; & qui n'aimat
mieux mourir, que de faire un faux
ferment, que de trahir son ami ou de
faire une injustice? Où est le bon
Citoyen qui ne se croye obligé de donner son bien & son sang, pour défendre sa patrie? Et que font tous les
jours les gens de guerre, sinon affron-
ter la mort, pour le service de leur maître? Il y a mille occasions où l'honneur même du monde éxige de pareils
sacrifices. Faut-il s'étonner que la
Religion, pour un interêt sacré, deman-

de

de la même chose en des cas extrêmes,
& qui font affez rares? Affurément il
s'en faut beaucoup qu'elle ne nous impofe rien d'auffi dur, ni d'auffi bizarre,
que le faux point-d'honneur dont nous
avons parlé.

Enfin pour mieux fentir combien
tous ces Préceptes de l'Evangile font
équitables; imaginons nous, pour un
moment, qu'ils fuffent tout autres qu'ils
ne font; par exemple, que l'Evangile
permit la vengeance, qu'il autorifat les
düels, qu'il flattat la fenfualité, qu'il
permit de renier la Foi & d'être hypo-
crite pour ménager des intérêts temporels, qu'il lâchat la bride aux paffions; Que diroit-on d'une telle Morale?
Les Libertins eux - mêmes la méprife-
roient & feroient les premiers à nous
en faire un jufte fujet de reproche. Ils
diroient qu'une Morale fi relachée ne
fauroit venir du Ciel, qu'elle eft indigne de Dieu, qu'elle eft même au-
deffous de ce qu'ont penfé les fages
Payens, & que le fimple *Droit Naturel*
vaut mieux incomparablement. Ainfi
l'on auroit honte d'une Religion qui

ne parleroit pas comme la nôtre ; tant
la confcience eft convaincüe, que la
Religion eft faite pour corriger les vices, & non pour les flatter.

CHAPITRE IV.

Utilité de la Morale Chrêtienne pour
le bien de la focieté civile.

DIEU, comme un Pére bon & fage,
ne nous donne pas des Loix uniquement pour nous gêner & pour nous
affervir, mais pour nôtre propre avantage. Il ne commande rien qui ne foit
effectivement bon & utile. C'eft pourquoi un des caractéres d'une Loi Divine doit être de fe raporter vifiblement
au bien du genre humain. Voyons fi ce
caractére fe rencontre dans les Préceptes de l'Evangile ; prémierement par-
raport à l'interêt des peuples ou de la
focieté civile en général, & enfuite par
rapport au bien de chaque particulier.

A l'égard des peuples, on ne fauroit nier que la Morale Chrêtienne ne

 foit

foit tout-à-fait propre à faire fleurir les Etats, à éteindre les guerres, & à cimenter le repos public.

1°. Elle approuve & maintient la fubordination néceffaire à tout Gouvernement. Si d'un côté elle fait fouvenir les Princes & les Magiftrats de leurs devoirs ; de l'autre elle infpire aux peuples la foumiffion & la fidelité néceffaire. Bien loin que JESUS-CHRIST fomentat l'efprit de fédition qui commençoit à s'allumer de fon tems parmi les Juifs, il ne ceffoit de le calmer & de les exhorter à la paix. Il déclare qu'il n'eft point venu pour fonder un Royaume qui put donner de l'ombrage aux Princes ; il n'a point oppofé le Sacerdoce à l'Empire, mais fe foumettant lui-même à la Puiffance Civile, il a dit : *Rendez à Dieu ce qui apartient à Dieu, & à Céfar ce qui apartient à Céfar.* ,, Réponfe * pleine ,, de lumiere & de fageffe, par la- ,, quel-

---

* *Mandement & Inftruction Paftorale de Mr. l'Evêque de* TROYES, *au fujet de l'Office de Grégoire* VII. *imprimé à Paris en* 1729. On peut voir des fen-

,, quelle il voulut confondre & répri-
,, mer ces esprits inquiets & artificieux,
,, & aprendre à tous les siécles à ve-
,, nir que les choses temporelles sont du
,, ressort des Princes, qu'il faut leur
,, être soumis & leur obéïr en tout ce
,, qui n'est pas contraire à la Loi de
,, Dieu, fussent des Idolâtres & des
,, Impies, comme étoient les Césars;
,, & que la Religion qui n'est occupée
,, qu'à rendre à Dieu ce qui est à Dieu,
,, laisse les Empires dans l'état & dans
,, la constitution où ils se trouvent,
,, sans prétendre y toucher, comme
,, étant choses qui ne sont pas de son
,, ressort ,,. *S. Pierre* voyant que quel-   1. *Ep.*II.
ques-uns vouloient faire passer la liber-
té Chrêtienne pour un droit d'indé-
pendance, les avertit que ce n'est point
là l'esprit de nôtre Religion; qu'il ne
s'agit que d'une liberté spirituelle;
qu'au reste chacun doit être soumis
au Gouvernement établi, & cela *pour*
l'amour

sentimens tout semblables dans la belle *Epitre de*
Calvin au Roi François I. par où il lui dédie
son *Livre de l'Institution.*

l'amour du Seigneur. Vous êtes libres. Que vôtre liberté ne vous serve point de prétexte pour faire du mal, mais conduisez-vous comme des serviteurs de Dieu. Rendez honneur à tout le monde, aimez vos frères, craignez Dieu, honorez le Roi. S. PAUL veut de même *que toute personne soit soumise aux Puissances supérieures, nonseulement par la crainte du châtiment, mais par un motif de conscience. Rendez donc à chacun ce qui lui est dû, le tribut à qui vous devez le tribut, les impots à qui vous devez les impots, la crainte à qui vous devez la crainte.* C'est ainsi qu'en usérent les prémiers Chrêtiens, quand, nonobstant leur grand nombre, ils ne s'avisérent jamais de prendre les armes contre les Empereurs qui les persécutoient. ,,Si ,,nous voulions résister & nous vanger ,,ouvertement, dit *Tertullien*†, man- ,,querions-nous de forces pour cela? ,,Nous ne sommes que d'hier, & déja ,,nous remplissons vos Villes, vos Châ- ,,teaux, vos Isles, vos Armées, le ,,Bar-

Rom. XIII.

---

† TERTULL. *Apol.* Cap. 37.

„ Barreau & le Sénat ; Il n'y a que vos
„ Temples où l'on ne nous trouve
„ point. Serions-nous des ennemis si
„ peu redoutables, nous qui méprisons
„ la mort, si nos maximes n'étoient pas
„ de verser nôtre sang plûtôt que de
„ répandre celui d'autrui ? L'éloquent
Lactance * mérite aussi d'être ouï sur
cet article : „ Accablez nous d'outra-
„ ges , *dit-il*, nous ne laisserons pas
„ de vous aimer, & toute vôtre haine
„ ne nous rebutera point quand il s'a-
„ gira de vous servir. Moquez-vous
„ de ces sentimens comme d'une folie.
„ Nous préférons cette folie à vôtre
„ prétendüe sagesse. Qu'il nous soit
„ permis de vous rendre toûjours le
„ bien pour le mal. C'est là nôtre
„ profession, nôtre Loi, nôtre culte „.

2°. La plûpart des guerres qui ravag-
gent le monde , ont leur source dans
l'ambition, dans l'intérêt, ou dans cette
vanité , qui fait que l'on ne veut jamais céder de part ni d'autre. De-là
tant de perfidies, tant de cruautez, tant
d'injustices. Quel bonheur si les Princes

* LACTANCE, Liv. V. Chap. 12.

ces étoient tous animez des sentimens
qu'inspire le Christianisme ! Le sang
humain seroit épargné, & l'on ne verroit pas tant de fureurs désoler la
Terre.

3°. Mais en même tems que la Morale
Chrêtienne rend les hommes pacifiques,
elle ne les rend pas mous ni lâches. Si
elle arrête les guerres injustes, elle
n'empêche pas les guerres nécessaires ;
& même alors elle inspire & de la fidelité & du courage pour les soûtenir.
Quel Citoyen seroit plus fidéle à sa
Patrie que celui qui y est engagé, non-
seulement par honneur, mais par principe de conscience ? Qui seroit plus
disposé à la bien servir, même dans
les tems les plus difficiles, qu'un homme qui a apris à l'Ecole de Christ à
compter pour peu les richesses, à vivre dans la sobrieté, & à tout souffrir pour la justice ? Qui est-ce qui af-
frontera mieux les périls, que celui qui
est fermement persuadé que la mort
doit le conduire à une meilleure vie ?
Rien n'est si propre certainement à inspirer de la générosité & de la grandeur

deur d'ame que la Foi Chrêtienne. Un fameux Politique l'a reconnu, quand, après s'être plaint de la langueur où certains païs font tombez par la fuperftition, il ajoûte : † „ Si les efprits „ fe font abatardis & les courages amol- „ lis, cela ne vient que des vices de cer- „ taines gens qui ont interprété l'Evan- „ gile conformément à leur lâcheté & „ à leur pareffe. Car autrement il eft „ aifé de voir que l'Evangile nous por- „ te à aimer la Patrie, à la fervir, & „ à nous mettre en état de la défen- „ dre de toutes manieres „. Et ail- leurs : *„ Si les Princes & Etats Chrê- „ tiens avoient confervé cette Religion „ telle qu'elle a été établie par fon „ Fondateur, il ne faut pas douter qu'on „ ne vit les Royaumes & les Républi- „ ques dans une beaucoup plus grande „ concorde & profpérité que nous ne „ les voyons „.

4°. Une des chofes qui caufent le plus de troubles dans le monde, c'eft la violence & le faux zéle en matiere

de

† Voyez MACHIAVEL, Difcours Politique fur *Tite-Live*, Liv. II. Chap. 2.
* *Ibid.* Liv. I. Chap. 12.

de Religion. La foi Mahometane s'eſt fait recevoir par la terreur des armes. L'Hiſtoire eſt pleine des perſécutions que les Chrêtiens ont eû à ſouffrir, & qu'ils ont exercées à leur tour, ſouvent juſqu'à la fureur. Mais qu'en cela ils ſe ſont éloignez de l'eſprit de leur Divin Maître! Lors que quelqu'un lui propoſoit de faire tomber le feu du Ciel ſur une ville incrédule, *Vous ne ſavez, dit-il, de quel* *S. Luc.* *eſprit vous êtes animez. Car le Fils* *IX. 55.* *de l'homme n'eſt pas venu pour perdre* *56.* *les hommes, mais pour les ſauver.* S. *Epheſ.* Paul veut que l'amour de la *vérité* *IV. 15.* marche toûjours *avec la charité;* que *Rom.* l'on ſuporte ceux qui ſont foibles en *XIV.* la foi; que l'on examine toutes choſes ſans partialité; que l'on ne s'échauffe point pour des queſtions de peu d'im- *I. Tim. I.* portance; que l'on s'attache à ce qui édifie, & non à ce qui excite des diſputes. *Y a-t-il parmi vous quelque* *S. Jaques* *Sage & quelque Savant?* dit auſſi *III.* S. Jaques. *Que par une bonne con-* *duite & par une ſageſſe pleine de dou-* *ceur, il faſſe connoître ce qu'il ſait faire.* *Mais*

Mais si vous avez un zéle amer & un esprit de contention, ne vous glorifiez point, & ne combattez point la vérité par le mensonge. Ce n'est pas là la sagesse qui vient d'enhaut ; ce n'est qu'une sagesse terrestre, animale & diabolique : Car par tout où ce zéle & cet esprit de dispute se trouvent, il y a aussi du trouble, & toutes sortes de mauvaises actions. Mais pour la sagesse qui vient d'enhaut, prémierement elle est pure, ensuite elle est paisible, moderée, traitable, pleine de miséricorde & de bons fruits ; elle n'est ni difficultueuse, ni dissimulée. Or le fruit de la justice se séme dans la paix, pour ceux qui s'adonnent à la paix. Tel est le véritable Esprit du Christianisme. Il faut avoir du zéle, mais un zéle réglé par la justice & par la prudence, & tempéré par la douceur. Nos armes ne doivent être autre chose que l'exemple & la persuasion. *Lactance* * l'avoit bien compris : ,,Nous devons, *dit-il*, soûte-,,nir la Religion en donnant nôtre vie ,,pour elle, & non en ôtant la vie

L

,,aux

____
* LACTANCE, Liv. III. Chap. 20.

,, aux autres. Nous devons y emplo-
,, yer la patience, & non la cruauté.
,, Celui qui défend la Religion par le
,, fang & le carnage, ne la défend pas,
,, mais la viole & la fouille. Elle eft en-
,, nemie de la contrainte. Car facrifier,
,, fans que le cœur y ait part, ce n'eft plus
,, un culte, ni une véritable dévotion.
Que ces principes font fages ! Qu'ils
font propres à faire aimer cette Religion, & à la difculper du reproche
qu'on a ofé lui faire quelquefois de
caufer du trouble dans le monde ! reproche qui ne peut jamais tomber fur
elle, mais uniquement fur ceux qui la
font fervir indignement de couverture
à leurs propres paffions.

5°. Une dévotion qui donneroit trop
dans la fpiritualité, ou qui rouleroit
fur des minuties; une dévotion oifive,
creufe & ftérile, j'ai prefque dit Mo-
nachale, ne convient point au bien public, parce qu'elle détourne les hommes des devoirs de la vie civile. La
vraye pieté doit avoir pour objet d'infpirer fur-tout les vertus fociables. Elle
doit être tournée, non tant à la fpé-
cula-

culation qu'à la pratique. Tel est le
caractére de la Pieté Chrêtienne. Elle
n'est point superstitieuse; elle ne s'arrête point à des formalitez; elle ne se
dissipe pas en de vaines contemplations;
elle va à ce qu'il y a d'essentiel, à
ce qui est véritablement bon & utile.
Voyez comment JESUS-CHRIST re-
prend les Pharisiens, qui auroient plûtôt laissé souffrir un malade que de
violer la Loi du Sabbath : *Le Sab-* S.Matth,
bath, dit-il, *est fait pour l'homme, &* XII.
non pas l'homme pour le Sabbath. Apre-
nez que la miséricorde vaut mieux que
le sacrifice. Ailleurs il se moque du
grand scrupule que les Juifs se faisoient
de se mettre à table sans laver les mains,
de peur de se souiller : *Ce n'est point* S. Matth,
ce qui entre dans la bouche qui souille XV.
l'homme ; c'est plûtôt ce qui en sort.
Car ce qui sort de la bouche vient du
cœur. C'est du cœur que procédent les
mauvaises pensées, les meurtres, les
adultéres, les fornications, les larcins,
les faux témoignages, les blasphémes ;
& voilà ce qui souille l'homme. Mais
de manger sans laver les mains, cela

ne

ne le souille point. Ailleurs il dit : *Malheur à vous, hypocrites, parce qu'en payant la dîme de la mente, de l'aneth & du cumin, vous négligez ce que la Loi a de plus important, la Justice, la miséricorde & la fidélité.* S. PAUL ne veut pas non plus que l'on s'arrête scrupuleusement à aucune distinction de viandes. *Car,* dit-il, *le Royaume de Dieu ne consiste ni dans le manger ni dans le boire, mais dans la justice, la paix & la joye que nous avons par le S. Esprit.* Le Chrêtien ne s'arrête pas à la contemplation, & ne se jette pas dans la solitude; Il est né pour la vie active : *La Religion pure & sans tache devant Dieu nôtre Pére, consiste à visiter l'orphelin & la veuve dans leurs afflictions, & à se préserver des souillures du monde.* Le service que Dieu demande sous l'Evangile est tout moral, & non cérémoniel. ,,Mener ,,une vie innocente †, s'abstenir de la ,,fraude, secourir quelqu'un dans le ,,péril, voilà nos libations, nôtre cul- ,,te & nos sacrifices. Le plus reli- ,,gieux

---

† M. NUTIUS FELIX, pag. 90.

„gieux parmi nous eft celui qui fe
„montre le plus jufte.   „Que vois-
„je chez les Gentils ? dit *Lactance* *.
„Un vain appareil qui ne fert qu'à
„exercer les yeux & les mains. Nô-
„tre Religion eft tout autrement folide,
„parce qu'elle enfeigne la juftice, par-
„ce qu'elle eft intérieure, & que c'eft
„nôtre cœur même qui eft offert &
„confacré„.   Quelle étoit la Religion
des prémiers Chrêtiens? Nous l'avons
déja vû.   Ils s'engageoient par ferment à ne point manquer de parole,
à ne point commettre de larcin, ni
d'adultére, ni de meurtre, à ne point
nier un dépot.   Voilà comment leur
pieté fe manifeftoit. Elle fervoit à les
rendre fidéles, tempérans & juftes.
Elle leur infpiroit la douceur, la fru-
galité, l'amour de l'ordre & du travail.
Le Nom de Dieu qu'ils invoquoient,
& la Foi en JESUS-CHRIST étoit
pour eux le fondement d'une probité
inviolable.   On pouvoit fe fier à eux,
parce qu'ils étoient Chrêtiens.   Où
trouvera-t-on de meilleurs Citoyens

L 3

que

* LACTANCE, Liv. V. Chap. 20.

que ceux qui ont de tels principes ? Et qu'eſt ce qui peut mieux entrer dans les vües des ſages Legiſlateurs ? C'eſt ce que *Juſtin Martyr* faiſoit très-bien remarquer à l'Empereur auquel il adreſ-ſoit ſa ſeconde Apologie. ,, Bien loin, ,, *dit-il*, qu'on puiſſe nous accuſer de ,, troubler l'ordre & le repos public, il ,, n'y a perſonne qui concoure autant ,, que nous au louable deſſein que vous ,, avez de faire régner l'ordre & la ;; paix en tout lieu. Car nôtre cro- ,, yance eſt qu'un méchant, un traitre, ,, un fourbe, ne ſauroit échaper à la ,, Juſtice Divine, & que chacun ſera ,, puni ou récompenſé ſelon ce qu'il ,, aura fait. Si tout le monde étoit ,, bien imbu de ce principe, qui eſt-ce ,, qui voudroit acheter les avantages ,, paſſagers du crime aux dépens de ſon ,, ſalut éternel ? Quel contrepoids ne ,, ſeroit ce pas pour les paſſions ? Cha- ,, cun ſe contiendroit & régleroit ſa ,, conduite pour obtenir les récom- ,, penſes du Ciel, & pour en éviter les ,, châtimens. Vos Loix ne retiennent ,, pas les méchans, parce qu'ils ſavent

,, qu'ils

» qu'ils n'ont à faire qu'à des hommes
» dont ils pourront tromper la vigi-
» lance.   Mais si l'on étoit bien per-
» suadé que Dieu nous jugera sur nos
» actions & sur nos pensées les plus
» secrettes, on ne penseroit pas à sau-
» ver seulement les apparences, mais
» on deviendroit vertüeux réellement
» & en tout «.

6°. Un des devoirs sur lequel l'Evangile insiste le plus, & qui est, pour
ainsi dire, la livrée du Chrêtien, c'est
la charité.   JESUS-CHRIST disoit :
Je vous donne un commandement nou- S. Jean
veau, c'est de vous aimer entre vous, XIII.
comme je vous ai aimez. C'est à cela que
tous connoitront que vous êtes mes Dis-
ciples, si vous vous aimez les uns les
autres. Il est remarqué au Livre des
Actes, Ch. IV. que *toute la multitude*
de ceux qui avoient crû, n'étoient qu'un
cœur & qu'une ame ; & personne ne di-
soit que ce qu'il possédoit fût à lui en
particulier, mais toutes choses étoient
communes entr'eux. S. PAUL fait cette
exhortation, qui exprime parfaitement
le génie de la Pieté Evangélique : *Soyez*

tous en bonne intelligence, compatiſſans les uns envers les autres, pleins de charité fraternelle, de miſéricorde & de douceur. Quoi de plus deſirable que de telles diſpoſitions pour rendre la Societé paiſible & floriſſante ? Les diviſions naiſſent de l'orgueil, de l'intérêt, de la rancune & de l'envie. Mais la charité étouffe ces malheureuſes ſemences. La Charité Chrêtienne ſuporte, pardonne, efface les injures par des bienfaits. Elle nous apprend à aimer les hommes pour l'amour de Dieu, ce qui eſt le vrai moyen de les aimer en tout tems, & ſans avoir égard à leurs imperfections. Une choſe qui bleſſe du prémier coup d'œil, & qui ſemble être un deſordre dans l'état du genre humain, c'eſt la trop grande inégalité des conditions. Tant de gens qui ſoufrent la miſére & l'indigence, ſont un ſpectacle bien triſte. Mais comment y remédier ? *Platon* † vouloit que dans ſa République tout fut remis en commun, comme ſous l'état de Nature. Mais ce reméde eſt impraticable, & la ſocieté
civile

----

† Voyez Lactance, Liv. III. Ch. 21. & 24.

civile ne sauroit subsister long-tems sans voir naitre cette différence de riches & de pauvres, de grands & de petits. Que fait le Christianisme? Sans rien déranger à l'ordre établi, & sans renverser l'inégalité des conditions, qui est absolument nécessaire, il les raproche d'une autre maniere: „ Il laisse les grands dans „ leur grandeur; & les fait petits sous ., la main de celui qui les a fait grands. „ Il laisse les petits dans la poussiere, „ & les rend contens de n'être rien „ qu'en lui ,,*.   Il nous enseigne à nous regarder tous comme fréres dans l'Eglise & en JESUS-CHRIST. Il veut que les riches fassent part largement de leurs biens aux pauvres, & cela par un motif très-pressant, c'est que JESUS-CHRIST a déclaré qu'il tiendroit pour fait à lui-même tout ce qu'on feroit pour eux. Par là cette grande disproportion des états, qui semble blesser l'humanité, est en quelque sorte ôtée, sans que la constitution du Gouvernement en souffre. Que les Grands soient humbles, que les riches soient

L 5   bien-

* Voyez FENELON Lettre IV. du *Tome III,* de ses *Oeuvres Spirituelles.*

bienfaiſans, que les petits ne ſoient point foulez, que les pauvres ſoient ſoulagez, comme l'Evangile l'ordonne; Tout eſt dans l'ordre. Aucun n'a ſujet de ſe plaindre, & nonobſtant la différence des conditions, il y a une ſorte d'égalité qui ſubſiſte; Les cœurs demeurent unis †. Et même cette différence qui ſembloit être un mal dans le monde, ſe tourne en bien, & devient par l'excellent reméde que l'Evangile y aporte, un moyen d'unir plus fortement les hommes entr'eux par des nœuds de charité & de reconnoiſſance. On veut une compenſation; & il n'y en a point de ſi belle que celle-ci, qui en procurant le ſoulagement des uns, ouvre aux autres un champ d'honneur & une occaſion d'exercer les plus nobles vertus.

7°. Enfin', il importe infiniment pour l'ordre & le repos public qu'il y ait une Régle dans les mariages, & que l'on

† *Detractâ enim divitibus inſolentiâ & iniquitate, nihil intererit, utrumne alii divites, alii pauperes ſint, quàm animi pares ſint : quod efficere nulla alia res præter Religionem Dei poteſt.* LACTANT. Lib. III. Cap. 22.

l'on mette des bornes à l'incontinence.
Autrement quels defordres n'en verroit-
on pas naître ? Quelques Moralistes ou-
trez fe font fait là deffus de fauffes idées
de perfection , également contraires à
la Nature & au bien public. D'un autre côté la plûpart des Peuples ont
donné dans le relâchement, foit par
le déréglement où ils ont laiffé vivre
la jeuneffe, foit par le concubinage &
la polygamie, autorifés parmi eux ,
foit en ufant fans ménagement de la
liberté du divorce *, Il n'eft pas difficile de comprendre que ce font là
autant d'abus, qui nonfeulement blef-
fent l'ordre & renferment le plus fouvent quelque injuftice , mais qui tra-
verfent l'éducation des enfans, qui eft
le principal but de l'union conjugale.
De forte que tout bien compté, le
plus fage milieu fe trouve dans la Loi
Chrêtienne, fur le pié qu'elle fixe l'é-
tat du mariage & avec les régles de
chaf-

* SENEQUE regardoit cela comme une grande
fource de la corruption des mœurs chez les
Romains, *de Benef.* Lib. III. Cap. 16. JUVENAL
en parle auffi dans fa *VI. Satyre.*

chafteté qu'elle donne. Les plus habiles Jurifconfultes l'ont reconnu. Nous
ne citerons que *Puffendorf* :   ,, Quoi
,, qu'il en foit, *dit il*, il faut conve-
,, nir que le réglement le plus honnête,
,, le plus avantageux & le plus propre
,, à entretenir la paix dans les famil-
,, les, c'eft que chacun n'ait qu'une
,, femme à la fois, & que cette forte
,, de mariage, qui impofe au mari &
,, à la femme une égale obligation de
,, fidélité, eft fans contredit le plus
,, parfait & le plus noble *.

Réüniffons maintenant ces divers
traits de la Morale Chrêtienne, pour
juger de l'effet qu'elle doit produire
dans la focieté. Que l'on fe repré-
fente un païs où les devoirs dont nous
avons parlé feroient exactement fuivis;
où ceux qui commandent & ceux qui
obéïffent feroient également juftes,
fidéles à leur parole, defintéreffez,
généreux & bienfaifans; où il n'y auroit ni oppreffion de la part des Grands,
ni

Liv. VI.
Chap. I.
§. 19.

---

* On trouve auffi des Remarques fort judicieu-
fes là-deffus, en des Thefes *de Matrimonio*, foû-
tenues à Geneve fous Mr. *Burlamachi.*

ni révolte chez les petits ; où les riches
fuppléeroient aux befoins des pauvres,
& où les pauvres à leur tour fe ren-
droient recommandables par leur patience & par leur travail ; où régneroit
l'innocence & la fimplicité des mœurs,
l'ordre dans les familles , l'union dans
les mariages ; où l'on ne penferoit qu'à
faire du bien à fon prochain , bien loin
de lui nuire ; en un mot où l'on verroit cette candeur, cette douceur , cette tempérance & cette charité qu'infpire la Pieté Evangélique ; Quel païs
feroit plus heureux que celui-là ? Et
où feroit-on plus fûr de trouver la
paix , la liberté, l'abondance & tout
ce qui rend un Etat floriffant ? Cet
âge d'or que nous vantent les Poëtes,
n'eft pas différent de l'état où les Préceptes de l'Evangile nous mettroient ,
fi nous voulions les pratiquer †. Ce
n'eft là , il eft vrai , qu'une belle idée.
Mais à quoi tient-il que cette idée ne
fe

---

† Voyez ce que dit L*ACTANCE* , *Liv. V. Ch.* ç.
Les belles defcriptions qu'on trouve dans *Telema-*
que de tout ce qui eft propre à faire fleurir les
Etats , & à rendre les hommes bons & heureux,
reviennent à ceci.

se réalife ?   Le Chriftianifme nous en fournit les moyens.   Et quiconque prend à cœur le bien public, doit voir de bon œil que de tels princi-pes s'inculquent & fe répandent. Plus le Chriftinaifme fera en vigueur, & plus on trouvera de bons Princes & de bons Sujets, de bons Magiftrats & de bons Citoyens, des époux fidéles, de bons-péres, de bons amis, de gens intégres dans les affaires & dans tou-tes les rélations de la vie. C'eft une Loi tout-à-fait propre à rendre les hommes bons & heureux, & qui eft donnée vifiblement pour le repos du genre humain. Ce ne peut donc être qu'un préfent du Ciel. On y recon-noit la main de ce Dieu qui met fa gloire à être le Pére & le Bienfaiteur de fes créatures.

CHAPI-

CHAPITRE V.

Utilité de la Morale Chrêtienne pour chaque perſonne en particulier.

AVoir prouvé que les Préceptes de l'Evangile ſont très-propres à rendre les Etats floriſſans, & à faire le bonheur des Peuples, c'eſt déja avoir prouvé l'intérêt que nous avons tous à les ſuivre. Car nôtre avantage ſe trouve dans le bien général. Mais comme il y a auſſi des utilitez particulieres que chacun peut en recueillir, on ne doit pas non plus les paſſer ſous ſilence.

Et d'abord il faut remarquer que l'Evangile ne nous preſcrit rien que ce qui tend par ſa nature à perfectionner l'homme & à le rendre heureux, & ne nous défend rien que ce qui nous ſeroit réellement préjudiciable. On ne peut nier que le vice ne ſoit le poiſon de l'ame, & que la plûpart de nos maux ne viennent des paſſions déréglées. Un avare eſt toûjours défiant,

toû-

toûjours en souci pour garder ce qu'il a, & pour acquerir ce qu'il n'a pas; il ne jouït de rien tranquillement. L'ambition tourmente ceux qu'elle posséde. Il ne faut d'autre supplice à un envieux que l'envie même.   La colére est une courte fureur, qui porte à des excès dont on a lieu de se repentir bientôt. Une vie licentieuse est accompagnée de trouble & de crainte; Les passions se combattent l'une l'autre. On ne peut les satisfaire toutes à la fois, & même on ne peut en satisfaire aucune pleinement; Car plus on accorde à la passion, plus elle demande; on en est aveuglé & maitrisé au point de ne savoir ce que l'on fait; tout est sacrifié à une honteuse habitude. L'intempérance traine à sa suite les maladies, la pauvreté & l'oprobre. Non-seulement le corps en souffre, mais les les facultez de l'esprit s'abatardissent; l'homme s'abrutit, & paye bien cher les indignes foiblesses auxquelles il s'est livré.   Que de regrets cuisans l'on s'épargneroit par une vie chaste & sobre! Etre tempérant dans l'usage des

biens,

biens, être patient dans les maux, modérer ſes deſirs, tenir ſon eſprit dans une aſſiéte égale; voilà ce que les Phi-loſophes ont cherché comme la vraye ſageſſe & l'unique bonheur de l'homme. Or la Morale Evangélique n'a pas d'autre but que celui-là. Bien loin qu'elle ſoit faite pour nous tourmenter, elle pourvoit ſolidement à nôtre repos. Nous avons déja vû qu'elle tient un juſte milieu, ſans être ni relachée ni trop auſtére. Quand elle nous aprend à uſer de tout avec régle & diſcretion, ce n'eſt pas nous ſevrer de toutes les douceurs de la vie. Nos plaiſirs n'en ſeront que plus purs, étant innocens; plus durables étant modérez; & jamais l'homme ne verra couler ſi doucement ſes jours qu'en ſuivant de tels Préceptes.

Si la tempérance nous eſt ſi ſalutaire, la juſtice & la charité ne le ſont pas moins. C'eſt le meilleur moyen de nous attirer l'eſtime, la confiance & l'amour de nos ſemblables. Jugeons-en par l'effet que ces vertus produiſent en nous, quand nous les voyons chez quelqu'un. Qui peut s'empêcher de faire

faire cas d'un homme intégre, de loüer la générosité, d'eftimer la bonne foi ? Qui eft-ce qui ne détefte pas la perfidie ? Ceux même qui profitent de la trahifon n'aiment pas les traitres. On méprifera toûjours une ame baffe & intéreffée. Les bienfaits au contraire, nous gagnent le cœur. Si telle eft l'impreffion naturelle que ces diverfes qualitez font fur nous ; il faut penfer que les autres nous jugeront fur le même pié ; De-là dépend le rang qu'ils nous donneront dans leur eftime ; de-là dépend leur amour ou leur haine. Qu'eft-ce donc que l'on gagne à être injufte, ou malin ? Si l'on y trouve quelque profit ou quelque forte de contentement préfent, cela eft-il comparable à ce que l'on perd en terniffant fa réputation, ou en perdant l'affection & la confiance de tous ceux qui nous connoiffent ? Ce n'eft pas l'opulence qui nous rend heureux ; tout ce qui s'acquiert par la fraude nous tourne à piége, & au milieu des tréfors on peut être fort miférable. Etre aimé & honoré de fes femblables, voilà ce

qui

qui contribue le plus à la douceur de la vie ; & c'eſt l'effet naturel de la droiture & de la bonté.

Mais, dit-on, nous eſt-il utile de ſouffrir des affronts ſans en témoigner du reſſentiment ? Et n'eſt-il pas à craindre au contraire que cette patience ne nous attire de nouvelles injures ?

Il ſeroit dangereux, ſans doute, de ne pas nous tenir ſur la défenſive quand on nous attaque, & de ne prendre aucune précaution pour nôtre ſûreté. Mais ce n'eſt point là ce que l'Evangile défend. Il eſt permis de ſe tenir en garde contre les inſultes. Mais quand on agit offenſivement & pour le plaiſir ou le faux-honneur de ſe venger ; outre que nous avons vû que cela n'eſt ni juſte, ni généreux, l'expérience fait voir qu'un tel procédé nous eſt fort nuiſible. En laiſſant tomber une inſulte, on ſe met bien plus en repos qu'en la relevant aigrement. On s'épargne les noirs ſoucis de la vengeance*, & on ſe délivre des retours cruels qu'elle a coutume d'avoir. Car bien loin que

M 2

par-

* Voyez la peinture qu'en fait le *Mentor Moderne*, Diſc. XX.

par-là on se mette à l'abri des injures,
c'est le plus souvent ce qui en attire
de nouvelles*. Dans quel cercle d'outrages & de procès, une infinité de
gens ne s'engagent-ils pas pour toute
leur vie, pour n'avoir pas sçû retenir
leur prémier ressentiment ? Un suport
charitable auroit pû étouffer ces que-
relles dans leur naissance. ,, Une
,, bonté soutenue désarme les plus
,, méchans, dit *Sénéque* †. Il y a
,, peu de cœurs assez durs pour te-
,, nir contre la douce violence d'un
,, procédé généreux. Quelqu'un est
,, irrité contre vous ? ne l'attaquez
,, que par des bienfaits. L'animosité
,, ne dure pas long-tems quand on la
,, laisse tomber d'un côté, & le com-
,, bat cesse bien-tôt quand un des assail-
,, lans se retire. Dans ces sortes de guer-
,, res, le plus sage est celui qui céde ;
,, la victoire est du côté de celui qui
,, se laisse vaincre ,,. C'est dans le même

* Voyez là-dessus un beau passage de Maxime
de Tyr, Philosophe Payen, dans la *Dissert.* II.
† Voyez Seneca, *de Benef.* Lib. VII. Cap. 31.
Idem, *de Ira*, Lib. II. Cap. 24.

me fens que S. PAUL difoit : *Si ton ennemi a faim, donne lui à manger ; s'il a foif, donne lui à boire ; car en agiffant de la forte, tu lui amafferas des charbons de feu fur la tête ;* ce qui fignifie, felon *Hammond :* „ Tu fon-„ dras & amolliras fon cœur comme „ les métaux que l'on fait fondre en les „ couvrant de charbons ardens „; ou felon Mr. *Werenfels :* * „ Ce fera la „ meilleure vengeance que tu puiffes „ tirer de ton ennemi; tu le chargeras „ de confufion & de remords, & tu „ t'en feras juftice, mieux que fi tu lui „ amaffois des charbons de feu fur là „ tête „. Ce qu'ajoute l'Apôtre s'accorde également bien avec ces deux interprétations : *Ne vous laiffez pas vaincre par le mal, mais furmontez le mal par le bien.*

C'eft ainfi que les Préceptes, foit de tempérance, foit de juftice & de charité tendent vifiblement à nôtre bien. Les devoirs envers Dieu, ont auffi le même effet. En l'honorant nous faifons un acte de Raifon & de Sageffe

M 3　　　　　qui

* WERENFELS. *Cogit. ad loca Nov. Teflam.*

qui nous fait honneur à nous-mêmes;
nous montrons un cœur bien placé;
Et quoi de plus naturel; quoi de plus
beau pour des creatures que de connoître & de bénir leur Créateur?
„ Il a mis les hommes ensemble (dit
Mr. *De Cambrai* †) „ dans une societé
„ où ils doivent s'aimer, & s'entre-se-
„ courir comme les enfans d'une mê-
„ me famille, qui ont un Pére com-
„ mun. Chaque Nation n'est qu'une
„ branche de cette famille nombreuse,
„ qui est répandüe sur la face de toute
„ la terre. L'amour de ce Pére com-
„ mun doit être sensible, manifeste,
„ & inviolablement régnant dans toute
„ cette societé de ces enfans bien-ai-
„ mez. Chacun d'eux ne doit jamais
„ manquer de dire à ceux qui naissent
„ de lui: *Connoissez le Seigneur qui est*
„ *vôtre Pére.* Ces enfans de Dieu doi-
„ vent publier ses bienfaits, chanter ses
„ loüanges, l'annoncer à ceux qui
„ l'ignorent, en rappeller le souvenir
„ à ceux qui l'oublient. Ils ne sont sur la
„ terre que pour connoître sa perfection
„ &

---

† Réflexion sur la Religion, *pag.* 196. *& suiv.*

„ & accomplir fa volonté ; que pour fe
„ communiquer les uns aux autres cet-
„ te fcience & cet amour célefte. Que
„ feroit-ce, fi cette famille étoit en fo-
„ cieté fur tout le refte, fans y être
„ pour le culte d'un fi bon Pére ? Il
„ faut donc qu'il y ait entr'eux une
„ focieté de culte de Dieu ; c'eft ce
„ qu'on nomme *Religion* ; c'eft-à-dire,
„ que tous ces hommes doivent s'inf-
„ truire, s'édifier, s'aimer les uns les
„ autres, pour aimer & fervir le Pére
„ commun. Le fond de cette Reli-
„ gion ne confifte dans aucune céré-
„ monie extérieure ; car elle confifte
„ toute entiere dans l'intelligence du
„ vrai, & dans l'amour du bien fou-
„ verain ; mais ces fentimens intérieurs
„ ne peuvent être fincéres, fans être
„ mis comme en focieté parmi les hom-
„ mes par des fignes certains & fenfi-
„ bles. Il ne fuffit pas de connoître
„ Dieu, il faut montrer qu'on le con-
„ noît, & faire enforte qu'aucun de
„ nos fréres n'ait le malheur de l'igno-
„ rer, ni de l'oublier ,,.

Nonfeulement l'honneur que nous

rendons à la Divinité eſt une choſe bienſéante & conforme à nôtre deſtination
naturelle. C'eſt auſſi un moyen d'attirer
ſes graces ſur nous. *Dieu qui a fait le*
Monde & tout ce qu'il renferme, étant le
Seigneur du Ciel & de la Terre, n'eſt point
ſervi par la main des hommes, comme s'il
avoit beſoin de quelque choſe. Mais
c'eſt lui qui donne à tous la vie, la
reſpiration & tout ce qu'ils ont, ainſi
que le dit *S. Paul.* Il n'a pas beſoin de
nous, mais nous avons beſoin de lui ;
& il exige nos hommages ; il a promis
de protéger ceux qui le ſerviront fidélement ; il a promis d'exaucer nos
vœux quand nous l'invoquerons avec
humilité. Le parfum de nôtre culte &
de nos priéres retombe en bénédiction
ſur nous. Que l'homme ſeroit mal-
Epheſ. II. heureux de vivre *ſans Dieu & ſans*
eſpérance dans le monde! L'apui que
Dieu nous prête eſt nôtre unique ſou-
tien, & ſa bienveuillance eſt l'unique
ſource de nôtre bonheur. Peut-on
douter que le ſoin que nous prenons
de rechercher ainſi le Dieu Suprême,
ne nous ſoit infiniment utile ?

Enfin

Enfin le culte que nous rendons à Dieu n'eſt pas ſeulement néceſſaire en lui-même. Il l'eſt encore par raport à tous les autres devoirs, tant envers nous-mêmes qu'envers les autres hommes, en ce qu'il leur ſert de fondement & y donne un nouveau poids. C'eſt la Pieté envers Dieu qui eſt l'ame de toutes les vertus ſociables & civiles. Plus les hommes ſeront religieux, plus auſſi ils ſeront juſtes, charitables, pacifiques, ſoumis à leurs Superieurs, bons envers leurs inférieurs, doux & modeſtes dans le commerce de la vie, patiens dans l'adverſité, humbles dans la proſperité, circonſpects & modérez dans les plaiſirs. *La crainte de* Prov. I. *Dieu eſt le principe de la Sageſſe.* C'eſt comme la clé qui ſoutient une voute; Otez cette clé, tout l'édifice tombe. Sans le reſpect de la Divinité, on verroit le crime ſe déborder avec plus d'audace, & multiplier ſes ravages ſur la terre. Ainſi l'on peut dire de tous les fruits ſalutaires que porte la Vertu en général, qu'on en eſt redevable à la

M 5   Pieté

Pieté entant qu'elle est la racine de toute vertu.

Il est vrai que la Pieté exige quelque-fois de grands sacrifices, comme dans les tems de persécution. Mais 1°. cette sorte d'orage s'excite rarement & n'est pas de durée, en comparaison du calme dont l'Eglise jouït pour l'ordinaire. En second lieu cet inconvénient n'est point particulier à la Religion. Toutes les societez y sont également sujettes. Ne faut-il pas dans les tems de guerre, que tout le monde s'arme au péril de ses biens & de sa vie, pour la défense de l'Etat? Enfin il y a cette différence essentielle, à l'avantage de la Religion; que la Societé Civile ne sauroit dédommager ceux qui s'immolent pour elle; l'immortalité qu'elle promet à ses héros n'étant qu'une immortalité de nom; au lieu que le Chrêtien ne bornant point ses espérances ici bas, attend une immortalité réelle & un bonheur éternel, qui doit être la couronne du Martire. *S. Augustin* † observe fort bien, que les Romains

† Augustin. *de Civit. Dei*, Lib. V. Cap. 18.

mains qui ont prodigué leur fang, & qui ont fait tant de chofes pour l'amour de leur patrie, n'avoient pas en vüe un fi noble objet à beaucoup près qne les Chrêtiens. C'eft auffi la penfée de *S. Paul* quand il dit: *Ceux qui veulent combattre dans les jeux publics, ufent de régime, & s'affujettiffent à une difcipline auftére. Ils le font pour obtenir une couronne corruptible; & nous, pour en avoir une incorruptible.* Que l'on balance tout ce que la Pieté Chrêtienne nous impofe de plus dur, avec les douceurs qui l'accompagnent, & fur-tout avec les recompenfes qui y font attachées, comme on le verra dans la fuite; & l'on conviendra que c'eft une Loi dont l'obfervation nous eft très-utile, qui eft entierement tournée à nôtre bien, & telle qu'un bon Pére la donneroit à fes enfans, telle que l'homme fe l'impoferoit à lui-même, s'il étoit affez fage pour difcerner toûjours fes vrais intérêts.

I. Cor. IX. 25.

CHAPI-

CHAPITRE VI.

De la maniere dont la Morale est pro-
posée dans l'Evangile, & des encou-
ragemens & motifs qui y sont joints.

LA plus saine Morale feroit peu
d'effet, si elle n'étoit pas proposée clairement, ou si elle n'étoit pas
accompagnée de *motifs* & *de secours*
suffisans pour la faire observer. Mais
à cet égard rien ne manque à la Loi
Chrêtienne.

Prémierement elle est proposée avec
tant de clarté & de force qu'il n'y a
personne qui n'en soit d'abord frapé.
Ce ne sont point des principes abs-
traits, ni des raisonnemens diffus. Ce
sont des sentences courtes, vives, &
dont la vérité se fait sentir à la conscience. JESUS-CHRIST instrui-
soit la multitude par des entretiens familiers, mais pourtant sans bassesse.
Il employoit souvent des comparaisons
& des paraboles pour rendre les choses
plus sensibles, selon l'usage des Anciens.
Tout

Tout ce qui fe préfentoit à lui devenoit une occafion d'inftruire fes auditeurs, en les élevant des chofes corporelles aux chofes fpirituelles, & cela d'une maniere tout-à-fait naturelle & jufte. Ses difcours n'étoient ni obfcurs ni profonds. Tout y eft fimple, mais d'une fimplicité mâle & noble, qui fous des termes vulgaires renferme un grand fens; d'une fimplicité majeftueufe, qui faifoit dire au peuple: *Jamais homme ne parla comme celui-ci. Il n'enfeigne pas comme les Scribes & les Pharifiens, mais comme ayant autorité.* Les Apôtres en uférent de même. Vous ne trouverez chez eux ni la fubtilité des Philofophes, ni l'élégance des Orateurs; mais vous y trouverez la vraye maniere d'enfeigner, grave & populaire. Leurs exhortations font courtes, mais énergiques. Le poids des chofes en fait tout l'ornement. Ils parlent du cœur, ce qui eft le vrai moyen de parler au cœur. Leurs traits pleins de feu, font mieux entrer leurs fentimens dans l'ame des lecteurs, que ne feroit une Rhétorique fort étudiée. S'il y a de l'obfcurité

fcurité dans quelques *Dogmes* de l'Ecriture S^{te}. on ne dira pas la même chofe des *Préceptes*. Ils font également clairs & folides. Comme cette Loi doit être pratiquée journellement & par tout le monde, elle a auffi été mife à la portée de tout le monde. C'eft du lait pour les enfans, & du pain pour les forts.

II. Pour peu qu'on laiffat regarder la Morale comme la partie acceffoire de la Religion, & non pas comme l'effentiel; les efprits déja trop enclins à fe détacher de ce qui les gêne, fe jetteroient uniquement dans la *fpéculation*, ou s'arrêteroient au culte extérieur, en négligeant la *Pratique*. Mais l'Evangile eft bien éloigné de nous permettre rien de femblable. Il donne à la Morale tout le prix & le degré d'importance qu'elle doit avoir. Il nous fait entendre que toutes nos lumiéres font vaines fi elles ne produifent pas une bonne vie; que c'eft là le point capital & le but de tout; que les myftéres qui nous font enfeignez font des *myftéres de pieté* & d'édification, & non de curiofité; que fans la charité,

rité, les plus beaux dons ne font rien;
que nous ferons agréables à Dieu,
non felon la fcience que nous aurons
eüe, mais felon le bon ufage que nous
en aurons fait; que nous ferons jugez
par nos œuvres; & qu'en un mot celui-là eft le meilleur Chrêtien, non
qui fait le mieux difcourir, mais qui
eft le plus jufte, le plus charitable &
le plus tempérant. On a remarqué
ci devant que les Payens féparoient le
Service Divin de l'étude de nos devoirs. L'une étoit l'affaire des Prêtres,
l'autre celle des Philofophes; & felon
eux, être religieux n'étoit pas la même
chofe que de bien vivre. Les Pharifiens
auffi s'arrêtoient à une pieté apparente.
De tous tems les hommes ont chercher à s'acquiter envers Dieu par de
vaines formalitez, qui coutent moins
au cœur que d'en déraciner les vices.
L'efprit de nôtre Religion eft tout différent. Il n'y en a point qui raméne
fi bien l'homme à ce qu'il y a de réel
& d'effectif, ni qui le difpenfe moins
de s'appliquer à la Vertu. C'eft là
pro-

proprement nôtre profeſſion ; c'eſt le point capital du Chriſtianiſme.

III. Il ne ſuffit pas de donner de bons Préceptes, ni d'en preſſer l'obſervation ; Il faut encore y joindre des motifs qui déterminent les hommes à s'y ſoumettre, & des ſecours qui leur en facilitent la pratique.

Dans cette vüe l'Evangile ne manque pas de nous mettre devant les yeux 1°. la beauté naturelle de la vertu, la ſatisfaction intérieure qui l'accompagne, & les fruits qu'elle produit par elle-même.

2°. Mais il n'en demeure pas là. Si l'on ne poſoit les Régles de Morale que comme de belles maximes, ou comme des avertiſſemens utiles; chacun les prenant pour de ſimples conſeils, ſe croiroit le maître de les négliger ou de les ſuivre à ſon gré. Il faut de l'autorité pour leur donner force de Loi ; & ici l'autorité humaine ne ſuffit pas ; Il s'agit de lier la conſcience & d'impoſer une obligation étroite de faire ſon devoir en tout

tems

tems & en tout lieu, sans exception &
sans réserve, dans les ténébres comme au
grand jour, indépendamment de ce que
le monde en peut juger. Or il n'y a que
l'autorité divine qui ait cette étendüe †.
Aussi est-ce de-là que l'Evangile em-
prunte ses droits. Dieu y parle comme Maître, comme Législateur & comme Juge. Il n'est plus permis à l'homme de se faire des régles à son gré ;
Il faut obéïr. L'obligation est absolue.
Ce n'est point ici une Loi humaine, ni
de simples conseils de prudence. C'est
une Loi proprement dite, & une Loi
Divine, faite pour les Grands & pour
les petits, & à laquelle aucun homme,
quel qu'il soit, ne se peut soustraire.

3°, L'autorité & l'exemple des Divinitez du Paganisme n'étoit pas de grand
poids. On n'avoit sujet ni de les aimer,
ni de les craindre ; beaucoup moins
devoit-on les imiter. Le Dieu que nous
servons est tout puissant, tout saint,
tout bon, tout juste, & présent par-
tout.

N

---

* Voyez PUFENDORF, du Droit de la Nature
& des gens, *Liv. II. Chap. 3.* avec les Notes du
Traducteur.

tout. Que de freins pour nous retenir! Nous devons porter son image; Il faut que ses vertus brillent en nous; La contemplation de ces vertus doit faire nôtre étude; & dans ce miroir nous voyons ce que nous devons être. Elevez au titre d'*enfans de Dieu*, nous avons pour principe de vie l'amour divin, qui influe sur tout, & qui nous attache à tout ce que Dieu approuve. De-là vient qu'un excellent Auteur définit le Christianisme une *vie divine*, parce que c'est un principe supérieur à l'humanité, qui conduit & anime le fidéle, Dieu même étant son guide & le centre de toutes ses affections & de son bonheur. ,, La Religion Chrêtien-
,, ne, (dit aussi Mr. *Abbadie*) enferme
,, tous ces liens admirables qui unissent
,, l'homme avec Dieu, & Dieu avec
,, l'homme. Elle l'établit pour le souve-
,, rain bien. Les Vertus de Dieu s'impri-
,, ment dans l'homme & les sentimens
,, du cœur de l'homme glorifient Dieu.

4°. Le bienfait de la Rédemption devient une nouvelle source de raisons & de moyens pour nous retirer du vice.

vice. La miséricorde que Dieu nous y témoigne, l'Alliance particuliere & l'adoption dont il nous honore, l'affranchissement du joug de la Loi Mosaïque, la douce liberté qui nous est acquise, la grande charité de Jesus-Christ, le nouvel Esprit de Grace & de Sainteté qu'il répand sur la terre, la mort qu'il a soufferte pour nous; ce sont là autant de motifs touchans, qui doivent nous animer à son service, comme on l'a déja montré ci-dessus. *S. Paul* en étoit si frapé, qu'il ne trouvoit rien de difficile à executer pour répondre à de si grands bienfaits; & la conclusion ordinaire qu'il tire de ces sortes de réflexions, c'est qu'un Chrétien par son état & par son engagement est une *nouvelle créature*, que *celui qui est en* Christ *a crucifié la chair avec ses convoitises*, que celui qui est en Christ doit être ressuscité comme lui, pour mener une vie toute nouvelle, non plus *selon la chair, mais selon l'esprit.*

5°. Les exemples donnent du poids aux Préceptes. Mais la plûpart des

Mo-

Moralistes sont bien éloignez d'employer cette double sorte d'instruction; & pour l'ordinaire leur conduite demeure fort au-dessous de leurs leçons. Il n'en est pas de même ici. Quel plus beau modéle que la vie de Jesus-Christ, où l'on voit briller toutes les vertus dans leur éclat le plus pur, & particulierement les vertus les plus rares, comme l'humilité, le desintéressement, le détachement du monde, la patience & l'oubli des injures; afin que nous, qui sommes ses disciples, n'hésitassions pas à marcher sur ses traces. Le Chrêtien par l'exemple de son Maître, se trouve dans une obligation spéciale de pardonner à ses ennemis *, d'aimer son prochain, de faire du bien à tout le monde, & de montrer en toute occasion un degré de vertu au-dessus du commun. Christ *nous a laissé un modéle, afin que nous suivions ses traces.* A ce prémier exemple se joint celui des Apôtres & de tous les saints hommes, dont la vie nous est mise devant les yeux comme une

1. S. Pierre II. 21.

* Voyez le *Mentor Moderne*, Disc. XX.

une leçon vivante, & en même tems
comme un aiguillon pour nous les faire
imiter. Une Morale doublement écrite, tant dans les Préceptes que dans
les actions de ceux que nous recon-
noiſſons pour nos Maîtres, ne peut
qu'avoir beaucoup d'efficace.

6°. Outre tant de motifs de zéle &
de reconnoiſſance, comme le plus grand
mobile eſt celui de l'Intérêt, l'Evangile
nous fait voir évidemment que nôtre
intérêt capital & réel ſe trouve à nous
abſtenir du mal, & à faire le bien, en
tout tems & ſans réſerve. Cet intérêt n'eſt pas ſeulement celui de nôtre
repos préſent, de nôtre réputation, de
nôtre ſanté, ou de quelques autres
avantages temporels, qui ſont bien,
pour l'ordinaire, l'appanage de la vertu, mais qui néanmoins peuvent diſ-
paroître en pluſieurs rencontres & ne
pas former un contrepoids ſuffiſant dans
les grandes tentations. L'Evangile nous
éléve donc plus haut, & nous conduit au Tribunal ſuprême, où les faux
Jugemens des hommes ſeront redreſſez;
où Dieu, ſans acception de perſonne,

 met-

mettra en évidence le bien & le mal, pour juſtifier l'innocent & pour confondre le coupable. L'Alliance de Grace elle-même ne ſervira point de réfuge aux méchans, s'ils ne s'amendent durant leur vie. CHRIST *n'eſt l'auteur du ſalut qu'à ceux qui lui obéiſſent.* Il n'y a donc pas moins à attendre, d'un côté, qu'un ſupplice inévitable & ſans retour, & de l'autre une félicité éternelle. Qu'y a-t-il qui puiſſe contrebalancer de ſi grands objets, dans l'eſprit d'un homme ſage? Ou par quel attrait, par quel intérêt, le vice pourroit-il nous ſéduire, quand on peut y oppoſer une crainte ou une eſpérance ſi ſupérieure à toute autre? Il faut donc avoüer que le Chrêtien eſt pouſſé au bien & détourné du mal, par les plus puiſſans motifs qu'on puiſſe imaginer.

CHAPI-

CHAPITRE VII.

Continuation du même sujet, & en par-
ticulier des secours dont la Loi Chrê-
tienne est accompagnée.

LES motifs ou les raisons d'agir peuvent déja être mis au rang des
secours. Car tout ce qui anime à faire
une chose, en facilite par cela même
l'exécution; & l'absolüe nécessité qu'on
y voit, n'aide pas peu à déterminer
l'esprit, quelque difficulté qu'on y rencontre. Mais pour nous aider d'avantage, & parce que l'expérience fait
voir que l'homme veut être guidé comme par la main, & dressé par certains
exercices pour s'habituer à ses devoirs,
nôtre sage Législateur y a pourvû par
divers moyens.

1°. Il nous a ordonné la Priére, sorte
d'exercice très-propre à élever l'ame,
à nous détacher de la terre, à nous
inspirer le recueillement d'esprit, à en-
flammer nôtre zéle, à nous faire avoir
une sainte & douce communication avec

N 4

Dieu

Dieu, & à attirer ses graces sur nous. On ne niera pas que ce saint exercice ne soit porté à sa perfection sous la Loi Chrêtienne ; tant par la maniere dont il nous est recommandé, que par les excellentes régles qui y sont jointes pour nous aprendre à bien prier. L'Oraison Dominicale, également simple & majestueuse, est à bon droit regardée comme un modéle dans sa briéveté. Elle nous fait envisager la gloire & le service de Dieu comme le prémier objet de nos desirs.   Elle nous aprend à avoir pour lui autant de respect que de confiance, par le titre de *Pére Céleste* qu'elle lui donne. Elle nous enseigne à nous contenter journellement du nécessaire pour nos besoins temporels, à être sans ambition & sans inquietude. Elle nous met dans la nécessité de pardonner, comme nous voulons que Dieu nous pardonne. Elle nous fait regarder la délivrance du péché comme le plus grand de tous les biens.

Elle

---

* Voyez la comparaison qu'en fait le *Spectateur* avec les sentimens de Socrate, *Tome II. Disc.* 70.

Mr.

Elle régle & purifie nos sentimens en réprimant tant de vœux indiscrets que font les hommes. En un mot prier Dieu dans cet esprit, est assurément tout ce qui se peut de plus juste & de mieux conçû *,

2°. Pour graver dans nôtre esprit les précieuses Véritez & les Préceptes du Christianisme, Dieu a jugé à propos que sa Parole fût mise par écrit; & il nous en recommande soigneusement la lecture. C'est là une source d'instruction toûjours pure & vive, où chacun a droit de puiser. Là chacun peut consulter l'Oracle, & entendre Dieu même qui nous prononce sa volonté. Car, dit S. PAUL, *Toute l'Ecriture a été divinement inspirée; & elle est propre à enseigner, à convaincre, à corriger, & à instruire des devoirs de la justice; afin que l'homme de Dieu soit accompli en toutes sortes de bonnes œuvres.* [2. Tim. III. 16.]

3°. Mais pour étendre d'avantage

N 5   cette

____

Mr. Turrettin dans ses *Cogitationes de variis Theologiæ Capitibus*, se sert de ces termes: *Sapiens & nervosa Orationis Dominicæ brevitas.*

cette inſtruction, Nôtre Seigneur a établi le Miniſtére Eccléſiaſtique ; dont l'office eſt d'inſtruire de vive voix, tant en public qu'en particulier, d'avertir, d'exhorter, de donner l'exemple, de conſoler, en un mot de mettre tout en œuvre par zéle & par perſuaſion, pour faire aimer & ſuivre la Loi Chrêtienne. *Je prie les Paſteurs qui ſont parmi vous*, dit S. Pierre, *moi qui ſuis Paſteur avec eux … Paiſſez le troupeau de Dieu dont vous êtes chargez, veillant ſur lui, non par contrainte, mais de bon gré, non en dominant ſur les héritages du Seigneur, mais en vous rendant les modéles du troupeau. Et lors que le Souverain Paſteur paroîtra, vous recevrez la couronne incompatible de gloire.* Si l'on conſidére cette inſtitution, non ſelon les abus où le Clergé eſt tombé en pluſieurs lieux, mais ſelon l'eſprit de l'Evangile, tel qu'il paroît, ſoit par l'endroit que nous venons de raporter, ſoit par les belles leçons que S. Paul donne à ſes deux Diſciples *Tite & Timothée*; on conviendra que c'eſt un établiſſement tout-à-fait

ſage

1. S. Pierre V.

ſage & utile au genre humain. Des perſonnes de cet ordre doivent être véritablement le *ſel de la Terre*, comme parle Nôtre Seigneur, pour la
préſerver de la corruption.

4°. Afin que ces deux moyens, la
Parole de Dieu, & le Miniſtére Sacré,
fiſſent plus d'effet, il étoit néceſſaire
qu'il y eût des Aſſemblées publiques,
& des jours marquez pour cela ; ſans
quoi une Religion auroit de la peine
à ſe ſoutenir long-tems. Auſſi l'Egliſe
Chrêtienne, quoique attachée ſur-tout à
la dévotion intérieure, n'eſt pas dépour-
vûe de ce ſecours extérieur. Elle a
ſes Temples & un jour de la ſemaine
indiqué, où l'on s'aſſemble pour prier
Dieu en commun, pour entendre ſa
Parole, pour chanter ſes loüanges,
pour faire des aumônes, pour cultiver
la fraternité qui doit être entre tous
les Diſciples du Seigneur. Rien de ſi
raiſonnable ni de ſi utile que la deſtination de ce jour. Sans trop interrom-
pre le travail des peuples, on leur fournit le délaſſement dont ils ont beſoin
pour le corps ; & en même tems on

met

met ce jour à profit pour enrichir leur ame, en y retraçant les idées des cho-fes divines, qui autrement s'effaceroient bien-tôt †. Cette double vüe eſt très-digne d'un ſage Légiſlateur, & parfaitement convenable aux beſoins tempo-rels & ſpirituels de l'homme.

5°. Quoique le génie de la Loi Evangélique ne ſoit pas tourné au cérémoniel, elle ne laiſſe pas de joindre au Service Divin les deux *Sacre-mens* dont nous avons parlé; parce que de la maniere que l'homme eſt fait, il a beſoin d'être engagé & touché par quelque choſe qui le frape ſenſiblement. C'eſt à quoi ſervent le *Batême* & la *Sainte Céne.* Ce ſont des cérémonies faciles & ſimples en elles-mêmes, mais fort ſignificatives, où ce que devons à Dieu & à JESUS-CHRIST nous eſt vivement dépeint, & où nous promettons ſolemnellement, & à la face de l'Egliſe, de nous ranger ſous la diſcipline du Seigneur, de regarder les autres hommes comme nos fré-

† On lira là-deſſus avec plaiſir ce qu'en dit Mr. DERHAM, à la fin de ſa *Theologie Phyſique.*

fréres, & de devenir des hommes
nouveaux, en sainteté & en justice.
C'est un renouvellement d'Alliance a-
vec Dieu. C'est un serment de fidélité que nous prêtons à nôtre Maître.
C'est un puissant moyen pour nous
rapeller à l'esprit toutes les obligations
de nôtre état, pour ranimer nôtre
dévotion languissante, pour nous lier
tous ensemble d'un nœud plus étroit,
& pour réveiller en nous l'amour des
choses spirituelles. On ne niera pas
que les Sacremens n'ayent cet usage &
cette efficace, quand on s'en sert selon
les vües de l'Instituteur.

6°. A tant de moyens salutaires
JESUS-CHRIST en a joint un autre, je veux dire, la *Discipline Ecclésiastique*; par où ceux qui deshono-
rent le nom Chrêtien par une vie
scandaleuse, sont d'abord avertis &
repris en secret; Ensuite on en vient
aux censures publiques; & enfin on
les déclare retranchez du corps de
l'Eglise, privez des Sacremens, & mis
au rang des Infidéles, jusqu'à ce qu'on
voye en eux des marques d'un sincére
amen,

amendement. Cette forte de répré-
henfion, quoique toute renfermée dans
le fpirituel, ne laiffe pas d'être d'un
grand poids. C'eft un defaveu public
& comme une proteftation que l'Eglife
fait pour fon honneur contre les fcan-
dales qui la fouillent, de peur qu'on
ne puiffe la foupçonner d'une indigne
connivence. C'eft auffi un puiffant
frein pour contenir les gens vicieux,
pour réveiller leur confcience & leur
infpirer une confufion falutaire; comme on l'a vû fur-tout dans la primitive Eglife, lors que cette Difcipline
s'exerçoit dans toute fa rigueur, & non
avec les relâchemens qui fe font in-
troduits depuis & qu'on peut bien
regarder comme une des principales
caufes de la corruption qui régne à
préfent. C'eft ainfi que fans empiéter
fur les Droits de la Puiffance Civile,
l'Eglife, en parlant à la confcience,
concourt heureufement aux vües de
tout Gouvernement fage pour le main-
tien des bonnes mœurs.

Tels font les fecours extérieurs que
Jesus-Christ a établis dans fon
Egli-

Eglise, pour porter les hommes à la
Vertu, sans préjudice des moyens ordinaires employez par les Juges, pour
tenir les malfaiteurs dans la crainte,
comme S. PAUL le dit : *Ce n'est pas en
vain que le Prince porte l'épée, étant
le Ministre de Dieu, pour exécuter sa*   *Rom.*
vengeance, en punissant celui qui fait   XIII.
mal. Mais nôtre Divin Législateur
voulant nous élever à une sainteté &
à une pureté fort au-dessus de ce qu'exigent les Loix Civiles, se sert aussi de
moyens d'une autre nature, qui agis-
sent sur la conscience & qui sont propres à purifier le fond du cœur.

7°. Mais il ne s'en tient pas aux secours que nous avons dit. A ces moyens extérieurs, si instructifs & si touchans, il joint souvent une Grace intérieure, c'est-à-dire, que par son *Esprit* il
agit sur l'ame elle-même, sans que nous
sachions comment ; pour la disposer à
recevoir les impressions salutaires qui
lui viennent du dehors, pour lui faire
gouter la vérité, pour l'animer au bien,
pour lui faire trouver un certain attrait
dans la pratique de son devoir, & dans

les

les actes de dévotion, pour la soutenir & la confoler en toutes fortes d'é-
preuves. C'eſt ce qu'on a vû au plus
haut degré dans les Apôtres, après
qu'ils eurent reçu le Saint Eſprit; rien
n'étant ſi admirable que les beaux
ſentimens dont ils parurent animez.
C'eſt ce qu'on a vû dans pluſieurs
Martyrs qui ont fait voir un courage
au deſſus des forces naturelles; Et c'eſt
ce qu'on voit encore chez tous les
bons Chrêtiens, qui connoiſſant leur
foibleſſe, avoüent qu'ils ont beſoin
d'être conduits & fortifiez par la Grace
de Dieu, d'où procéde tout le bien
qu'ils font. Ces Graces s'obtiennent
par la Priére, & par le bon uſage que
nous faiſons de celles que Dieu nous a
déja accordées : *Si quelqu'un de vous*
S. Jaques *manque de Sageſſe,* dit S. J A Q U E S,
I. *qu'il la demande à Dieu, & elle lui*
ſera donnée . . . Car toute Grace excel-
lente & tout don parfait vient d'enhaut
& deſcend du Pére des lumiéres. Nô-
S. Luc tre Seigneur avoit dit de même : *Si*
XI. 13. *vous, tout mauvais que vous êtes, ſa-*
vez néanmoins donner de bonnes cho-
ſes

*ſes à vos enfans ; à combien plus forte
raiſon vôtre Pére Céleſte donnera-t-il
ſon Saint Eſprit à ceux qui le lui demandent ?*

Avec tant de clartez, de motifs
& de ſecours, il ne reſte rien à de-
ſirer de tout ce qui peut fortifier la
Morale. Si quelqu'un y réſiſte, c'eſt
une marque qu'il a le cœur tout-à-
fait gâté & incorrigible. Car par
quels reſſorts plus puiſſans peut-on remuer une creature libre & raiſonnable ? Et comment imaginer plus de
différens moyens pour porter les hom-
mer au bien, pour leur faire connoître & aimer leur devoir, pour leur
en applanir le chemin, & pour les
y exercer continuellement? Où trouver ailleurs de ſi excellentes leçons,
tant de préſervatifs contre les piéges
du vice, tant de remédes contre les
paſſions, tant d'encouragemens à la
vertu, que nous en trouvons ſous
cette pieuſe Diſcipline? Pour en ache-
ver le tableau, il ne faut qu'en faire
la comparaiſon avec ce que les autres
Moraliſtes ont enſeigné. Ce paral-

lelé ne fervira pas peu à en relever le luftre.

CHAPITRE VIII.

Combien la Morale Chrêtienne l'emporte fur toute autre. Divers paralléles à cet égard.

IL y a des gens qui en aprouvant la Morale Chrêtienne, dirent, que ce n'eft pas là une diftinction particuliére à l'Evangile, que ce font des idées toutes naturelles, & qu'il n'y a point de Religion ni de Païs où on ne les trouve à peu près également.

Il eft vrai que cette Morale n'eft prefqu'autre chofe que les leçons de la Sageffe primitive, & le pur langage d'une confcience bien éclairée. Mais cela ne doit pas la rendre moins précieufe à nos yeux; puifqu'il s'en faut beaucoup que tous les Peuples n'ayent fçû conferver ces principes de droiture naturelle, ni les déveloper dans toute leur

leur étendüe comme l'Evangile le fait.

Plusieurs Nations ont tellement confondu les idées du juste & de l'injuste, qu'elles les ont fait dépendre uniquement de la coutume & des Loix Civiles, ce qui èst un renversement total de la Morale. Il n'y a presque aucun crime qui n'ait été autorisé quelque part. Les Loix varient à l'infini ; & combien de coutumes indécentes ou barbares ne trouve-t-on pas, en faisant la revüe du monde ? Dans les lieux mêmes où l'on voit les meilleures Loix, ces Loix n'embrassent pas les devoirs envers Dieu, ni envers nous-mêmes, qui sont pourtant essentiels ; Elles se bornent à ce qui regarde le prochain ; Encore n'est-ce que pour empêcher les injustices criantes, comme le larcin & le meurtre ; car pour les moyens de nuire sourdement, elles n'y mettent point d'obstacle, & ne vont pas à la racine du mal, qui gît dans la malignité, dans l'orgueil ou dans l'avarice. Elles nous défendent bien de nuire au prochain, mais il ne leur apartient pas de prescrire la bénéficence & la charité. Et le

peu

peu de devoirs qu'elles nous imposent
ne sert encore qu'à régler l'extérieur;
ce qui faisoit dire à *Sénéque* † : „ C'est
„ bien peu de chose que d'être irré-
„ préhensible suivant les Loix. Les
„ devoirs de l'honnête homme s'éten-
„ dent beaucoup plus loin que le *Droit*;
„ & la Pieté, l'humanité, la libéralité,
„ l'équité, la bonne foi, exigent mille
„ choses dont les Edits ne font pas
„ mention,„. De-là ce que disoit *Ter-*
tullien, en faisant l'Apologie de la
Foi Chrêtienne :   „ C'est nous qui
„ possédons la vraye innocence; parce
„ que nous la tenons d'un Maître par-
„ fait qui nous l'a enseignée, & que
„ nous la gardons, comme étans sous
„ les yeux d'un Juge qui connoît tout,
„ & dont il est dangereux de violer
„ les commandemens. Quant à vous,
„ c'est de l'opinion & des Loix humai-
„ nes que vous tenez vôtre régle;
„ de-là vient qu'elle est si imparfaite
„ & si peu propre à faire impression
„ sur le cœur. Car qu'elle lumiére a
„ la sagesse humaine pour connoître &
„ pour

Apolog.
Chap. 45.

---

† Seneca, *de Ira*, Lib. II. Cap. 27.

,, pour enſeigner ce qui eſt véritable-
,, ment bon ? Et quelle force a le
,, pouvoir humain pour obliger les
,, hommes à embraſſer le vrai bien ?
,, S'il eſt aiſé de tromper l'une, il n'eſt
,, pas moins commun de mépriſer l'au-
,, tre. Conſidérons un peu vos Loix,
,, & comparons-les à celles de nôtre
,, Dieu. Quelle Loi eſt la plus accom-
,, plie, ou celle qui dit *Tu ne tueras*
,, *point*, ou celle qui dit *Tu ne te*
,, *mettras pas même en colére*? Quelle
,, Loi eſt la plus parfaite, ou celle
,, qui défend l'adultére, ou celle qui
,, veut que les yeux même ſe détour-
,, nent des objets ſéducteurs qui ſur-
,, prennent l'ame & y font entrer de
,, mauvais deſirs ? Quelle Loi eſt la
,, plus ſage, ou celle qui condamne
,, les forfaits, ou celle qui punit juſ-
,, qu'à la médiſance ? Quelle Loi eſt la
,, plus pure, ou celle qui ne permet
,, pas que l'on faſſe tort à perſonne,
,, ou celle qui ne ſouffre pas même que
,, l'on rende mal pour mal ? . . . Et
,, quelle force ont des Loix que l'on
,, peut ſi ſouvent violer impunément,

O 3 ,, ou

,,ou dont la violation n'eſt punie que
,,par des peines de courte durée?...
,,Il n'en eſt pas de même de nous...
,,La difficulté de cacher ſes actions à
,,celui qui voit tout, & l'horreur des
,,tourmens éternels que ce grand Ju-
,,ge prépare aux méchans, nous obli-
,,gent abſolument à garder l'intégri-
,,té dont JESUS-CHRIST nous a
,,donné l'exemple,,.

La Théologie Payenne n'ajoûtoit preſque rien aux Loix Civiles. Nous avons
déja vû * que les Prêtres ne faiſoient
point leur affaire de prêcher la vertu, &
ne donnoient point là deſſus d'inſtruction aux Peuples. Aſſez contens de les
voir arriver au pié des Autels, les mains
pleines, ils ne leur demandoient rien
d'ailleurs. La Théologie & la Morale
étoient deux choſes à part ; & il n'y
avoit pas grand mal que la Théologie
ne ſe mêlat point des mœurs ; car elle
eût été plus propre à les corrompre
qu'à les rectifier. Adorer des Divinitez ridicules & de très mauvais exemple ; être trompé par de faux Oracles ;
tourner la Religion en vaine pompe ;

* Sect. I.
Chap. 3.

y

y mêler des cérémonies licentieuſes ou cruelles ; n'avoir aucune Loi émanée du Ciel ; n'avoir que de foibles idées d'une vie à venir ; ſe repaître de fables; voilà la Religion Payenne.   Qu'en pouvoit - il réſulter de bon pour la ſcience des mœurs ?

Un autre ordre de gens prirent à tâche de diriger les hommes à cet égard, je veux dire les Philoſophes ; & l'on ne peut diſconvenir que dans dans le ſein même du Paganiſme il ne ne ſoit élevé des Moraliſtes & des Légiſlateurs de grand nom, comme *Lycurgue*, *Socrate*, *Zénon*, *Ciceron*, *Sénéque*, *Marc-Aurele*, *Epictéte*, & parmi les Nations éloignées *Confucius*, le Sage des Chinois ; leſquels ont écrit des choſes dont les Chrêtiens mêmes peuvent profiter. Rendons leur cette juſtice ; mais avec la même équité l'on doit convenir qu'ils ſont demeurez fort au deſſous de la Loi Evangélique.

1°.La plûpart ont approuvé l'Idolatrie & d'autres abus groſſiers qui régnoient de leur rems ; ce qui ne peut qu'infecter la Morale de principes pernicieux.

                2°. Ils

2°. Ils n'ont eû qu'une idée incomplette des devoirs de l'homme. On ne voit pas qu'ils ayent bien compris l'obligation d'aimer Dieu par - deſſus toutes choſes, de raporter à lui ſes actions, & d'agir par ce principe; de chercher en lui le centre du bonheur, d'avoir du zéle pour ſa gloire & pour ſon ſervice, de l'invoquer en tout tems, & de l'invoquer lui ſeul. Il ne paroît pas non plus que les Philoſophes ayent bien connu toutes les branches de la charité, ni qu'ils l'ayent tirée d'une ſource auſſi pure ni auſſi abondante que l'eſt la Pieté Chrêtienne. Pour la chaſteté & la tempérance, la plûpart accordoient trop aux foibleſſes de l'homme, & laiſſoient même paſſer ſans répréhenſion des excès abominables. L'*humilité* qui réhauſſe toutes les autres vertus & qui en doit être le fondement, n'a preſque point trouvé de place dans leurs écrits, non plus que dans leur vie. Les *Stoïciens* † qui ont été les plus auſtéres, ne combattoient

la

---

† Voyez ce qu'en dit le P. MALLEBRANCHE dans la *Recherche de la Vérité*; Liv. II. Part. 3. Ch 4,

la volupté qu'en flattant l'orgueil ; & comme le remarque Mr. *Barbeyrac* *,

„ L'idée qu'ils donnoient de la vertu, „ quelque magnifique qu'elle paroiſſe „ d'abord, à la conſidérer d'un certain „ point de vüe, n'eſt ni tout ‑ à ‑ fait „ juſte, ni bien complette, ni entiere‑ „ ment fondée ſur ſes véritables prin‑ „ cipes, ni exempte d'erreur „.

3°. Mais quand les maximes des Philoſophes ſeroient meilleures qu'elles ne nous paroiſſent, il y manqueroit toûjours un point eſſentiel ; c'eſt d'être poſées ſur de bons fondemens. Tant qu'on ne remontera pas à Dieu, à un Dieu juſte, bon & ſage, Createur du monde & prémier Légiſlateur, qui veille ſur nous, & qui nous jugera ſelon nos œuvres, quel poids auront des Préceptes ? „ Sans la Divinité, (dit encore le ſavant & judicieux Mr. *Barbeyrac* ‡,) „ Sans la Divinité, le devoir, „ l'obligation, le droit, ne ſont, à dire

O 5   „ vrai,

* Dans ſa belle & ſavante *Préface* ſur le *Droit de la Nature & des Gens*, §. XXVII.

‡ Préface ſur le Droit de la Nature & des Gens, §. VI.

„ vrai, que de belles idées, qui pourront
„ plaire à l'Esprit, mais qui ne tou-
„ cheront guéres le cœur, & qui par
„ elles mêmes ne sauroient imposer la
„ nécessité indispensable d'agir ou de
„ ne pas agir d'une certaine maniere ..
„ Plus les principes fondamentaux de
„ la Religion sont purs & bien soûte-
„ nus, plus ils servent à affermir les
„ fondemens de la Morale, & à en
„ pousser les régles dans toutes leurs
„ conséquences. Mais faites le plus
„ beau systême du monde, si la Reli-
„ gion n'y entre pour rien, ce ne sera
„ guéres, pour ainsi dire, qu'une Mo-
„ rale spéculative; vous bâtirez sur le
„ sable „. Or, sur ce pié-là, que
pouvoit-on attendre des Sages Payens,
dont les uns couvroient tout de nuages par leur doute universel, & les
autres n'avoient que de fausses idées
de la Divinité, ou nioient la Providence, ou connoissoient mal le souverain Bien & le prix qui est réservé à
la vertu? Ceux mêmes qui ont le
mieux pensé sur tous ces points, n'en
ont eû que des idées trop confuses,

pour

pour servir de base à leurs leçons. Ce ne sont dans leur bouche que des conseils, mêlez de bon & de mauvais, mais toûjours creux, foibles, & dénuez d'autorité, comme ne dérivans qne d'une sagesse humaine. Sur quoi *Lactance* dit fort bien * : ,, *Platon* ,, & *Aristote* sont loüables d'avoir vou- ,, lu faire connoître la Justice ; & ils ,, auroient fait du chemin, s'ils fussent ,, entrez dans la bonne voye, & si avec ,, l'éloquence & la beauté du génie, ils ,, avoient eû la science des choses di- ,, vines, comme nous l'avons. Mais ,, leur travail a été vain, parce qu'ils ,, ne bâtissoient pas sur un bon fonde- ,, ment. Pour nous, on peut dire, ,, que nôtre édifice est solide & stable, ,, parce qu'il est fondé sur les enseigne- ,, mens de Dieu lui-même,,.

4°. Les leçons des Philosophes étoient rarement soutenues de l'exemple. La plûpart donnoient dans le relâchement, parlant bien & agissant mal ; & ceux qui se rendoient le plus recommandables. par la régularité de leur vie,

étoient

* Voyez Lactance, Liv. V. Chap. 18.

étoient encore fort éloignez d'approcher des excellens modéles que l'Histoire Sainte nous fournit.

5°. D'ailleurs il y avoit ce grand inconvénient dans leur discours, que l'utilité ne s'en répandoit que sur un petit nombre de disciples, gens de lettres; sans que le vulgaire en pût profiter; soit à cause de la méthode subtile & Philosophique qu'ils employoient, qui est tout autre que celle qu'il faut pour le peuple; soit parce qu'ils ne prenoient point à tâche d'instruire la multitude, n'y ayant point pour cela d'établissement public, comme il y en a parmi nous; de sorte qu'il étoit difficile que leurs meilleures leçons fissent beaucoup de fruit.

Enfin de quels encouragemens & de quels secours leurs Préceptes étoient-ils soutenus? Quelle digue pouvoient-ils opposer au torrent des passions? Quel équivalent pour les intérêts qu'il faut quelque-fois sacrifier en faisant son devoir? *Brutus* voyant qu'il avoit perdu la bataille en défendant la République, s'écria : *O vertu, je t'ai*

donc

donc servie en vain ; je vois à présent que tu n'ès qu'un beau nom. Un tel discours ne sortira jamais d'une bouche Chrêtienne ; parceque, quoi qu'il arrive, nous savons que la vertu ne perd point son salaire ; Il y a toûjours de quoi nous dédommager amplement de tout, ce que nous souffrons pour elle. Mais véritablement la sagesse Payenne étoit foible pour soutenir l'homme en de pareilles épreuves. ,, On ,, peut légitimément reprocher aux Phi,, losophes, (dit Mr. *Abbadie* †,) que ,, leur Morale n'est qu'une spéculation, ,, parce que leurs belles maximes ne ,, sont point accompagnées de puissans ,, motifs. Ils nous apprennent qu'il ,, faut se vaincre & renoncer à ses de,, sirs : Mais quand on leur demande ,, pourquoi, ils sont bien embarrassez. ,, La Morale est belle ; mais les motifs ,, sont foibles ; & un peu de fumée ,, qu'il y a à gagner en pratiquant la ,, vertu qu'ils recommandent, le titre ,, de Sage, & cette augmentation de ,, vanité qui le suit, sont au fond des ,, rai-

† VII. Tableau de la Religion Chrêtienne.

,, raiſons bien legéres pour obliger le
,, cœur à ſe défaire de ſes attache-
,, mens ,,.

Pour réſumer en peu de mots tout
ce paralléle de la Morale des Philoſophes avec celle de l'Evangile, nous
ne pouvons mieux faire que de raporter les termes du Docteur *Clark* * :
,, Qu'on prenne ce que les Philoſophes
,, ont dit de plus beau ſur la Morale,
,, on n'y trouvera rien qui n'ait été
,, propoſé par JESUS-CHRIST &
,, par ſes Apôtres, avec plus de clarté
,, & plus de force encore. Leurs prin-
,, cipes ſont plus nobles & plus ſuivis.
,, Ils donnent plus de poids & plus
,, d'autorité à leurs remontrances. Les
,, argumens dont ils ſe ſervent, ſont
,, plus touchans & plus perſuaſifs. Ce
,, n'eſt pas même tout. Car, quoiqu'il
,, ſoit certain que les Philoſophes ayent
,, enſeigné un grand nombre d'excel-
,, lentes véritez de Morale, il faut
,, avouer cependant qu'ils n'avoient rien
,, de fixe & de ſuivi. L'un raiſon-
,, noit

* De la Religion Chrêtienne, *Tome I I. Chap.*14.

„noit fur un Principe & l'autre fur un
„ autre. Il n'y en a aucun qui n'ait
„ donné à gauche en bien des cho-
„ fes. Leurs plus belles leçons étoient
„ ordinairement gâtées par un mélange
„ groffier de fuperftitions particulieres
„ & de fauffes idées. Les fondemens
„ fur lefquels ils bâtiffoient, n'avoient
„ point de folidité, & leurs principes
„ point de fermeté. En un mot, leurs
„ leçons étoient très-imparfaites & très-
„ défectueufes; & il s'en faloit beau-
„ coup qu'on put trouver chez eux
„ un Syftême de Morale complet &
„ fuivi. La Religion Chrêtienne au
„ contraire raffemble en un tout ce
„ qui a jamais été dit de bon & de
„ fage dans toutes les Sectes de Philo-
„ fophie. Elle porte tous les devoirs
„ de la Morale au plus haut degré pof-
„ fible de perfection & d'excellence.
„ Elle les épure, & les dégage des fu-
„ perftitions, que les diverfes Sectes
„ de Philofophie & les Directeurs de la
„ Religion avoient mêlé parmi leurs
„ inftructions. Elle fupplée à tout ce
„ qui manquoit à la Philofophie Mo-
„ rale.

,, rale.   Elle propofe enfin un Syftême
,, de mœurs, où tout eft clair, régu-
,, lier, appuyé fur des fondemens foli-
,, des, & fur des principes fixes & cer-
,, tains.   Y a-t-il la moindre apparence
,, de raifon à s'imaginer, qu'aucun au-
,, tre, qu'un homme immédiatement
,, envoyé de Dieu, ait pu venir à bout
,, d'un ouvrage auffi grand & auffi
,, divin ,, ?

CHAPITRE IX.

*Paralléle du fimple Droit Naturel avec
la Morale de l'Evangile, à quoi l'on
ajoute quelque chofe touchant la Morale Judaïque & Mahométane.*

NOus venons de voir que les plus
fages Payens ne peuvent entrer en
aucune comparaifon avec les Moraliftes
Chrêtiens.   Voyons à prefent ce qu'il
faut penfer des excellens Traitez de
Droit Naturel qui ont paru depuis un
fiécle.

Il eft certain que l'on y raméne la
Mora-

Morale à ſes vrais principes , & qu'on lui donne beaucoup de clarté , d'éten-düe & de force. Il eſt beau, ſans doute, de tirer ainſi du ſein de la Raiſon , de quoi faire revivre la Loi Naturelle. L'Ecriture Sainte elle-mê-me ſuppoſe ces principes naturels , & nous parle toûjours comme à des gens à qui la conſcience aprend à diſtinguer le juſte de l'injuſte. Si l'on joint ces ſor-tes de Traitez avec l'Evangile , nous ne nions pas qu'on n'en tire beaucoup d'u-ſage. Mais que l'Evangile en devienne par-là moins néceſſaire ou moins pré-cieux , c'eſt de quoi nous ne ſaurions convenir.

Car 1°. qu'eſt-ce qui a ſervi à per-fectionner ainſi le *Droit Naturel ?* Des Juriſconſultes Chrêtiens y ont travaillé, non ſans porter dans ce travail les lu-mieres qu'ils avoient priſes à l'Ecole de JESUS-CHRIST. Voilà ce qui leur a ouvert les yeux ſur quantité d'abus qui n'avoient point frapé les Philoſophes Payens ; & qui leur a ap-pris à remonter aux vrais principes , tirez pour la plûpart de la Religion,

 ſans

fans quoi nous avons vû que ce feroit un édifice en l'air. Ainfi ce qu'ils difent de meilleur n'eft au fond qu'une Morale Chrêtienne tournée Philofophiquement.

2°. L'Evangile qui a fervi à réhabiliter & à épurer le Droit Naturel, eft encore ce qui le fixe & le conferve en fon entier ; fans quoi il feroit fort à craindre que l'efprit humain, fuivant fa pente naturelle, ne donnat dans la bizarrerie ou dans le relâchement, & ne fit toûjours des écarts fur cette matiere, comme les plus beaux Efprits du Paganifme en ont fait. La Jurifprudence marchera d'un pas plus sûr, tant que la Théologie Chrêtienne lui prêtera la main. Un Auteur Anglois † remarque fort bien que „des gens qui „rejettent toute Loi *revélée* ou écrite, „ne font liez qu'autant qu'il leur plait „par ce qu'ils nomment la *Loi de* „ *Nature.* Ils en font les Juges & les „Interprétes. Ils l'étendent, & la ré„tréciffent, l'abrogent, la fufpendent, „l'expliquent en un mot, tout com„me

† D i t t o n, de la Refurrection de J e s u s- C h r i s t, *Part. I. Sect. 3.*

,, me il leur en prend fantaifie. . . . Il
,, eft vrai que des cœurs gâtez peu-
,, vent abufer des Loix écrites, comme
,, des Loix non - écrites, & tordre au
,, gré de leurs paffions les prémieres
,, comme les dernieres. Cependant on
,, ne fauroit nier qu'une Révélation ne
,, foit naturellement plus efficace pour
,, réprimer le vice, que ne le peut être
,, fans elle un Syftême de pure fpécu-
,, lation. Quand il s'agit de pervertir
,, le fens d'une Loi qui, étant écrite,
,, fubfifte toûjours & peut être con-
,, fultée à tout moment; ou bien en-
,, core lors qu'il s'agit de croire con-
,, tre une Révélation claire & précife;
,, il doit en couter plus de peine, il
,, faut faire plus de violence à fon Efprit,
,, que quand on s'abandonne à fes pro-
,, pres idées, & que l'on ne reconnoit
,, point d'autre Régle que fon propre
,, jugement. Cette Régle eft flexible;
,, elle fe tourne & fe plie comme on
,, veut, ou du moins il eft bien plus
,, facile de l'éluder, qu'une Loi qui dé-
,, termine avec précifion le genre & le
,, degré du devoir, & dont la fanc-

„ tion ne peut être méprisée avec quel-
„ que couleur de vraisemblance qu'à
„ force de tems & d'illusions „.

En 3e. lieu, quoique le *Droit Naturel* remonte au Législateur Suprême,
& se fonde en partie sur des principes de Religion; ce ne peut pas être
d'une maniere aussi évidente ni aussi
sensible, que quand la Révélation a parlé. L'autorité divine n'y intervient pas
si ouvertement. Les grands objets d'u-
ne *Providence* & d'un *Jugement dernier*
n'y entrent qu'à demi & foiblement,
selon les idées qu'on en peut avoir par
la seule Raison. Le Service Divin n'y est
ni réglé ni fixé en aucune façon. Les
Préceptes de charité & de bénéficence
n'y sont pas portez si loin , que dans
l'Evangile , non plus que d'autres régles qui servent à élever l'homme à une
certaine perfection. Enfin l'on n'y trouve pas non plus les mêmes exemples,
ni à beaucoup près autant de secours
& de motifs particuliers, que ceux qui
découlent de la venuë de J E S U S-
C H R I S T. de ce qu'il a fait pour nous,
& de la Discipline Sacrée qu'il a établie

blie pour nourrir la dévotion, & pour
mettre fes Difciples dans une obligation
plus étroite de fe confacrer aux bonnes
œuvres. Les établiffemens publics qui
naiffent de-là, & quantité d'autres fecours fort utiles, auroient difficilement
lieu fous la fimple *Loi Naturelle*. En
un mot, quelque eftime qu'on doive
faire du Droit Naturel, on ne doit pas
s'attendre que ce foit jamais un principe de vertu auffi étendu, auffi fécond,
auffi animé & auffi foutenu que la Pieté
Chrêtienne.

4°.Enfin, fi quelques-uns trouvent que
c'eft un avantage pour le Droit Naturel que d'être lié & méthodique dans
fes principes & dans fes conféquences,
nous conviendrons que cela a fon utilité pour les efprits d'un certain ordre;
Mais le commun des hommes ne s'ac-
commoderoit point de cette méthode;
& cependant la Morale eft faite pour
tout le monde. Mr. *Locke* en fait la
remarque * : „ Vous pouvez, *dit-il*,
„vous flatter avec autant de fonde-

P 3   „ment

* LOCKE, Que le Chriftianifme eft très-raifonnable, *Part. I. Chap. 14.*

„ment d'enseigner parfaitement les Ma-
„thématiques à des gens de journée,
„ & au commun peuple, que de leur
„donner une idée parfaite de la Mora-
„ le par cette voye-là. Le véritable &
„ le seul moyen de porter les person-
„nes de cet ordre à l'obéïssance & à
„la pratique de leurs devoirs, c'est de
„leur donner des commandemens aisez
„à entendre. La plûpart des hommes ne
„peuvent pas connoître les choses par
„eux-mêmes ; c'est pourquoi il faut que
„leur foi suplée au défaut de la science.
„Cela étant, je demande si une per-
„sonne qui vient du Ciel, qui fait des
„miracles à la vüe de tout le monde,
„ & qui prescrit en même tems des ré-
„gles de Morale, simples & droites ;
„n'est pas plus propre en général à
„éclairer les hommes, à les instruire
„de leurs devoirs & à les obliger de
„les remplir, qu'un autre qui vou-
„droit les y engager par des raison-
„nemens, fondez sur les idées géné-
„rales & sur les principes de la Rai-
„son humaine ? Et suposé même qu'on
„eût démontré clairement tous les de-
„voirs

„ voirs de la vie, il eſt certain que,
„ tout bien conſideré, l'on reconnoi-
„ troit néanmoins que cette méthode
„ d'apprendre aux hommes leurs de-
„ voirs par démonſtration, ne ſeroit
„ bonne que pour un petit nombre de
„ perſonnes qui auroient beaucoup de
„ loiſir, dont l'eſprit auroit été cul-
„ tivé par l'étude, & qui ſeroient ac-
„ coutumez à des raiſonnemens abſ-
„ traits : mais qu'à l'égard du peuple,
„ il ſeroit toûjours meilleur de l'inſtrui-
„ re par les préceptes & par les prin-
„ cipes de l'Evangile „.

Pour étendre auſſi le Paralléle que nous faiſons juſqu'à la Loi Mahométane, on ne peut nier qu'elle n'ait de bons cô- tez. Mais on ſait que tout ce qu'elle a de bon, elle l'a tiré du Chriſtianiſme ; & ce qu'elle y ajoute n'eſt pas aſſurément le meilleur. Telle eſt la liberté de la po- lygamie & du concubinage, qui ne va qu'à flatter les paſſions, d'une maniere qui même n'eſt pas exempte d'injuſti- ce, & qui a des ſuites pernicieuſes pour les familles & pour les Etats. Tel eſt encore l'ordre d'exterminer par

 l'épée

l'épée quiconque ose raisonner & ne pas se soumettre à la Loi de Mahomet ; maxime inhumaine, & bien différente de la sage tolérance que prêche l'Evangile.

De même, quoique la Loi Judaïque fut émanée du Ciel, il est certain que la Loi Evangélique a divers avantages sur elle, comme on peut le voir par le discours de Nôtre Seigneur raporté au V. Chapitre de *S. Matthieu.* Quelle différence pour le culte ! Tout cet amas de cérémonies que Dieu avoit établies pour s'accommoder aux besoins du Peuple Hébreu & à la grossiereté de ces tems-là, disparoit parmi nous. Il n'y a plus d'autre Circoncision que celle du cœur; plus d'autre Sacrifice que celui de nous - mêmes & de nos passions; point d'autre abstinence que du péché; point d'autre purification que celle qui regarde les souillures du vice; point d'autre encens que nos priéres & nos actions de graces. Quoique sous l'Ancienne Loi, comme sous la Nouvelle, tout se réduisit à l'amour de Dieu & du prochain, il paroit néanmoins que l'Evan-

l'Evangile preffe davantage ces devoirs, en donnant plus d'étendue à la
Charité, en élevant mieux l'ame aux
chofes fpirituelles, & en reftreignant
la liberté de la polygamie & du divorce, qui avoit été tolerée jufques là,
quoique ce ne fut pas la régle primitive du mariage, ni l'ordre le plus
convenable au bien public : *Moife* S. Marc
l'a permis à vos péres, dit JESUS- X.
CHRIST, *à caufe de la dureté de leur*
cœur. Mais au commencement du monde
il n'en étoit pas ainfi. Car Dieu ne fit
qu'un homme & qu'une femme pour les
joindre indiffolublement. Comme la Foi
des Juifs n'étoit pas foutenüe de promeffes auffi grandes ni auffi claires que celles de l'Evangile, la Morale devoit s'en
reffentir.   Ils n'avoient pas non plus
d'auffi beaux exemples que ceux que
nous trouvons dans l'Evangile, ni des
motifs auffi touchans que ceux qui naiffent de l'économie de nôtre Rédemption.   Il y avoit dans leur Loi dequoi
intimider, mais non pas de quoi gagner fi bien le cœur par amour & par
grace, ce qui eft pourtant l'ame de la

P 5   dé-

dévotion. Ainſi la Loi Judaïque elle-même, quoique ſainte, étoit encore inférieure à la Loi Chrêtienne par divers endroits.

Ces divers Paralléles achévent de montrer l'excellence des Préceptes de JESUS-CHRIST, puiſque rien ne peut leur être comparé, & que c'eſt ici viſiblement la meilleure Ecole qui ait jamais été érigée pour apprendre à bien vivre. Ni le Paganiſme, ni la Philoſophie même la plus épurée, ni le Judaïſme, ne peuvent rien fournir de ſi beau ni de ſi efficace pour la correction des mœurs. ,, JESUS-CHRIST ,, a rétabli la Morale dans toute ſa pu-,, reté, il en a découvert pleinement ,, les véritables ſources, & il a donné ,, ſur tous les devoirs de l'homme en ,, général, & de chacun en particulier, ,, des Régles générales, mais parfaites, ,, & entiérement conformes à la Raiſon, ,, & aux véritables intérêts du genre ,, humain ,, *. Cette Morale ne laiſſe en-arriere aucune vertu, & coupe racine à tous les vices. Ses Préceptes ſont

* Voyez BARBEYRAC, Préface ſur PUFFEN-DORF, §. VIII.

font l'équité & la fainteté même. Elle
pofe un principe de droiture invariable
& univerfel. Elle va jufqu'à purifier le
fond de la confcience.   Sublime fans
auftérité, douce fans relâchement, elle
nous méne au bien, par goût & par zéle. Au lieu de rebuter le pécheur, elle
l'attire & le reléve par la repentance.
Elle trouve le fecret de rendre l'homme heureux, en l'humiliant & en le
corrigeant; Elle l'adreffe à fa vraye
fin, & le fortifie dans fes foibleffes.
En même tems qu'elle fatisfait la Raifon, elle eft propre à faire impreffion
fur le cœur. Perfonne ne peut fi bien
connoître fon devoir que le Chrêtien;
perfonne n'eft pouffé fi fortement à le
remplir; perfonne n'eft dans un engagement fi étroit de bien vivre; perfonne n'a tant de fecours & de moyens
pour cela; perfonne n'y eft excité par
un fi grand intérêt, & n'y eft attiré
par de fi hautes efpérances.   Qui ne
devient pas homme de bien fous cette
difcipline, ne le deviendra nulle part;
On ne peut rien fouhaiter pour la purification des mœurs, qui ne fe rencontre
ici.   Con-

Concluons cette Partie. Pour faire une Morale accomplie, il faut 1°. qu'elle soit juste, c'est-à-dire, qu'elle ne commande rien que de bon & ne défende rien qui ne soit effectivement mauvais. 2°. Qu'elle ait l'étendüe nécessaire, c'est-à dire, qu'elle embraffe toutes les vertus & condamne tous les vices. 3°. Qu'elle soit fondée sur de bons principes. 4°. Qu'elle se raporte à de bonnes fins, savoir la gloire de Dieu & le bien des hommes. 5°. Qu'elle soit proposée d'une maniére claire & à la portée de tout le monde. 6°. Qu'elle soit soutenüe de puiffans motifs ; enfin Qu'elle soit accompagnée de secours suffifans. Nous ne nions pas qu'on ne trouve ailleurs une partie de ces conditions ; Mais il n'y a que la Loi Chrêtienne qui les renferme toutes dans un dégré éminent. C'est donc une Loi parfaite & divine. ,, J'en appelle, (dit Mr. *Clark*, *) ,, au jugement de toute personne, que ,, l'esprit de parti n'aveugle pas. N'est-,, ce

* De la Religion Chrêtienne, *Tome II. Chap.14.* pag.284. *& suiv.*

„ ce pas là un excellent Syſtême de
„ Morale? Quoi de plus propre à faire
„ le bonheur du genre humain ? Des
„ leçons ſi ſages & ſi belles ne meritoient-
„ elles pas d'être marquées au ſeau de
„ la Révélation divine; dans un tems
„ ſur-tout, où la dépravation des hom-
„ mes étoit montée à un ſi haut point,
„ que les lumieres de la Nature & de
„ la droite Raiſon, bien loin d'être
„ ſuffiſantes pour rétablir la véritable
„ pieté bannie de la terre, étoient
„ comme éteintes, † ſelon l'aveu exprès
„ que *Ciceron* lui-même en a fait ?
„ Quels plus beaux caractéres, quelles
„ plus fortes preuves de Divinité une
„ Religion peut-elle avoir, que de ten-
„ dre manifeſtement à réformer les crea-
„ tures raiſonnables, & à leur redon-
„ ner leur prémiere pureté ; que de
„ rétablir l'image de Dieu dans l'hom-
„ me ; & que de le faire agir d'une
„ maniere qui réponde à l'excellence
„ de ſa nature & à la nobleſſe de ſon
„ extraction? Qu'on liſe avec attention
„ les

† *Ut Naturæ Lumen nuſquam appareat, &c.* Tuſcul.
Quæſt. Lib. III.

,, les Chapitres V. VI. & VII. de l'Evan-
,, gile felon *S. Matthieu*, on y verra
,, la Vertu dépeinte avec ces traits char-
,, mans, dont parle *Platon*, à la vûe
,, defquels il faut l'aimer, malgré qu'on
,, en ait. ‡ En un mot je pofe en fait,
,, qu'un homme qui examine les cho-
,, fes avec attention, & qui aporte à
,, cet examen des difpofitions droites
,, & fincéres, trouvera qu'une Morale
,, qui recommande l'étude & la prati-
,, que *de toutes les chofes qui font vé-*
,, *ritables, de toutes les chofes qui font*
,, *vénérables, de toutes les chofes qui*
,, *font juftes, de toutes les chofes qui*
,, *font pures, de toutes les chofes qui*
,, *font aimables, de toutes les chofes*
,, *qui font de bonne renommée, & où il*
,, *y a quelque vertu & quelque louan-*
,, *ge,* doit néceffairement avoir une
,, origine célefte,,.

Philipp.
IV. 8.

‡ *Formam ipfam, & tanquam faciem honefti; quæ fi oculis cerneretur, mirabiles amores,* ut ait PLATO, *excitaret, fui.* CICER. de Offic. Lib. I.

TRAITÉ
DE LA VERITÉ
DE LA
RELIGION
CHRETIENNE.

SECTION IV.

ARTICLE III.
Des Promesses de l'Evangile.

CHAPITRE I.

Des promesses de l'Evangile en général, & particuliérement des avantages de la Pieté Chrêtienne dans la vie présente.

PLusieurs des articles de Foi qui ont déja passé en revüe, vont reparoître ici sous une autre face. Au lieu qu'il qu'il s'agiſſoit d'en juſtifier la vérité comme *Dogmes*, il faudra montrer combien ils ſont attrayans ſur le pié de *Promeſſes*. Il a fallu auſſi en toucher quelque choſe, en parlant de l'utilité des Préceptes de l'Evangile, & des motifs & ſecours que Dieu y a joints. Il eſt inévitable que les mêmes objets s'offrent pluſieurs fois, ſous différens points de vûe. Celui ſous lequel nous allons enviſager nôtre Religion, eſt ſans doute un de ſes côtez les plus intéreſſans, & qui devroit ſuffire pour attacher à elle tout homme qui cherche ſon bonheur.

Le Chrêtien recueille en partie les fruits de ſa Pieté dès cette vie. Mais il faut avoüer que ſes meilleures eſpérances regardent l'éternité. S. PAUL *I. Tim. IV.* dit que *la Pieté ſert à tout, ayant les promeſſes de la vie préſente & de celle qui eſt à venir.*

1º. Dans la vie préſente, quoique le Chrêtien ne ſoit pas à l'abri des maux communs de l'humanité, & que même il doive quelque-fois s'attendre à des perſécutions violentes; il y a néan-

néanmoins, dans le cours ordinaire des choses, plusieurs utilitez, qui découlent, comme on l'a déja vû, de la nature même des Préceptes de JESUS CHRIST, tant pour le bonheur des particuliers que pour la prosperité publique. Quoi que nous ayons moins de lieu que les Juifs, de nous arrêter aux bénédictions temporelles, il est certain pourtant que la Providence n'a pas changé de voyes. La santé, l'abondance, la bonne renommée, le repos & l'honneur, sont pour l'ordinaire semez sur le chemin de la justice; & une vie Chrétienne est propre par elle-même à nous garantir de beaucoup d'écueils. Il est dit que *les prieres du Juste sont de grande efficace;* ce qui peut s'entendre des graces temporelles que le fidéle obtient de Dieu, aussi bien que des graces spirituelles. De-là vient que S. PIERRE rappelle & confirme cet endroit du Livre des PSEAUMES: *Qui est le personnage qui veut jouir de la vie & qui souhaite de voir des jours heureux? Qu'il empêche sa langue de dire aucun mal, & qu'il garde ses lé-*

S. Jaques V.

I. S. Pierre III.

Q   *vres*

vres de tromperie; qu'il se détourne du mal, qu'il cherche la paix & qu'il la poursuive. Car le Seigneur a l'œil sur les justes, & son oreille est attentive à leurs supplications; mais il tourne sa face contre les méchans. Et qui est-ce qui nous fera du mal, si vous ne vous appliquez qu'à faire du bien?*

Il faut avoüer pourtant que ce n'est ni la gloire, ni les plaisirs du monde que l'on doit se promettre dans la profession du Christianisme. L'Evangile a pour but de nous détacher de la terre, & de nous conduire à une sorte de bonheur pur & spirituel, infiniment au-dessus de ce qui flatte les sens; bonheur auquel ni l'inconstance de la fortune, ni la malice des hommes ne puisse donner atteinte. Ce bonheur commence dès cette vie, & ne fera que croître, dans l'éternité. Ce bonheur nous vient, non des créatures, mais de Dieu lui-même; & cela seul fait voir qu'il n'y a que le Christianisme qui donne une idée raisonnable de la Béatitude, puisqu'il nous méne à la source & au centre de

tout

tout Bien, ce que les fyftêmes humains ne font pas *. C'eft pourquoi fans nous arrêter à des biens équivoques, ou qui font communs aux bons & aux méchans, ne comptons que les fruits *fpirituels* que la Foi Chrêtienne produit plus fûrement & qu'on peut dire être fon propre appanage, comme on va le voir dans ce qui fuit.

IIº. Si l'on eftime tant la fcience, & fi le prémier ornement de l'homme eft d'avoir l'efprit éclairé, le Chrêtien a tout lieu de fe féliciter de ce côté-là. Car on peut bien dire que paffer du Paganifme, ou de l'ignorance où nous ferions naturellement, à la Foi Chrêtienne, c'eft *paffer des ténébres à la lumiére.* Quel opprobre pour la Raifou humaine que d'avoir conçu la Divinité comme le faifoient les Payens, & d'avoir proftitué les honneurs divins à des objets de néant ? Quelle folie & quelle groffiereté dans les fuperftitions qui ont eû cours dans le monde ? Prenez un hom-

Actes XXVI, 18.

Q 2

me

* Voyez ce qu'en dit le P. L a m i dans fa *Demonftration de la Vérité & de la Sainteté de la Morale Chrétienne,* Entretien I.

me si pénétrant qu'il vous plaira, d'entre ceux qui n'ont pas ouï parler de l'Evangile ; vous le trouverez fort éloigné d'avoir des idées saines de cette prémiere Cause qui a tout fait, de la Providence, du Culte Divin, de la régle des mœurs, de la nature de l'homme, de sa destinée, & de toutes les autres véritez sur lesquelles roule pourtant tout l'ordre & le bonheur de la vie humaine. La science Evangélique ne se fait point acheter par une longue étude ; Elle est faite pour le Peuple comme pour les Savans ; En ouvrant l'Ecriture Sainte vous y aprenez tout d'un coup ce que les plus beaux génies de l'antiquité n'ont pas sçû, ou n'ont trouvé qu'avec peine. Ce n'est point une science confuse ni mêlée de doutes; Les points importans pour nôtre conduite & pour nôtre salut, y sont enseignez avec la derniére évidence : Le Chrêtien sait à quoi s'en tenir sur ces points là, mieux que les Philosophes qui ont poussé le plus loin leurs méditations & leurs recherches. La Foi Chrêtienne n'est point aveugle. Elle se sert

&

& des sens & de la Raison, mais elle s'éléve plus haut. Elle pourroit paroître incertaine si elle étoit fondée uniquement sur le témoignage des hommes, quoique comme *S. Augustin* † le fait voir, la vie civile roule presque toute entiere sur la foi qu'on ajoûte au témoignage d'autrui. Mais c'est l'Autorité Divine qui sert de base à nôtre créance; de sorte que pendant que le Philosophe est chancelant dans son systême, le Chrêtien est affermi dans le sien; Voyez les Apôtres; on ne remarque point chez eux ces doutes perpétuels, & cette cruelle incertitude qui agitoit les Sages de la Gentilité. Ils sont décidez, ils n'hésitent point, ils vont avec force d'un pas sûr, où la Foi les méne: *Quoi que nous marchions par la Foi & non par la vûe,* dit S. PAUL, *nous sommes toûjours pleins de confiance. Je sai à qui j'ai crû. La Foi est une vive représentation des choses qu'on espére, & une démonstration de celles qu'on ne voit point.* Ailleurs il dit que nous avons acquis la connoissance du Fils de Dieu,

2. *Cor.* V.

Hebr. XI.

Ephes. IV.

afin

Q 3

afin que nous ne soyons plus dés enfans flottans & emportez par le vent de toutes sortes de doctrines, ce qui est en effet un des priviléges du fidéle, la Foi servant à fixer l'esprit & à le tirer de cette perplexité où il flotteroit sans cela.   La plûpart des Sciences ont le défaut d'enfler le cœur, en même tems qu'elles ornent l'esprit. Celle-ci est d'une nature à donner autant d'humilité que de lumiére. L'Evangile veut que nous soyons *des hommes avancez en connoissance*, mais *des enfans pour la simplicité du cœur.* La science qu'on tire de son propre fond engendre l'orgueil; Mais quand c'est Dieu qui nous éclaire, & qu'on n'est savant que par le bienfait de la Révélation, il n'y a pas lieu de s'enorgueillir. *Qui est-ce qui te distingue des autres? Et qu'as tu que tu ne l'ayes reçu? Or si tu l'as reçu, pourquoi t'en glorifies-tu?*

III°. Il y a des gens qui regardent la Sainteté Evangélique comme un état triste & un joug fâcheux. Cependant nous n'hésitons pas à mettre l'Esprit de Sainteté au rang des plus grandes douceurs

ceurs & avantages qu'un Chrêtien tire
de fa Foi. Le vice nous abrutit &
nous fouille; De-là eft venu tout le
déréglement de la nature humaine. Le
bonheur ne peut fe trouver qu'avec
l'innocence; & tant que l'homme, devenu charnel, laiffera dominer en lui
la partie animale fur la partie fpirituelle,
ce ne fera qu'une créature vile &
malheureufe; Efclave de fes appétits
fenfuels il fera hors d'état d'écouter la Raifon. Le Chriftianifme, en
nous purifiant, & en faifant préva-
loir l'efprit fur la chair, remet tout
dans l'ordre, & nous rend la perfection
que nous avions perdue. Il nous rend
auffi la liberté. Car perfonne n'eft
moins libre que celui en qui les habitudes vicieufes dominent; au lieu que
la vraye liberté fe trouve chez ceux
qui ont de la facilité & de la difpo-
fition à faire ce qu'ils aprouvent le plus.
C'eft ce que Nôtre Seigneur promet-
toit : *Je vous enfeignerai la vé-* S Jean
VIII.32.
rité, & la vérité vous affranchira.
Il n'y a point de contrainte dans la vie
des Chrêtiens. Ce qui les méne n'eft

Q 4　　　　point

Rom.
VIII.

point une crainte fervile; De plus nobles motifs les animent; la reconnoiffance, la Foi, l'amour & le zéle; &
ces motifs leur font trouver le joug
du Seigneur aifé & toutes fes voyes
agréables. *La Charité parfaite bannit
la crainte*, dit S. Jean: *Celui qui aime
Dieu garde fes commandemens, &
fes commandemens ne font point pénibles.* Il y a dans le Chrêtien un nouvel
Efprit, qui eft comme le germe d'une
nature célefte, par la pureté & la nobleffe des inclinations qu'il infpire. C'eft
un principe de *vie* par oppofition aux
*affections charnelles qui produifent la
mort*, comme dit S. Paul. Quand
les Apôtres difent que le fidéle eft une
*nouvelle créature, formée à l'image de
Dieu, & le Temple du S. Efprit*; quoique ces termes foient forts, ils ne difent rien de trop pour exprimer l'heu-
reufe guérifon que l'Evangile opére
chez ceux qui s'y attachent fidélement.

IV°. Et cela même contribue infiniment à nôtre repos. Car une grande
fource d'agitation & d'inquiétudes pour
nous, c'eft le defordre des paffions.
L'un

L'un eſt rongé par l'ambition, l'autre
eſt dévoré par l'avarice; celui-ci a une
malheureuſe pente vers les plaiſirs, qui
le tyranniſe; celui-là eſt agité de pluſieurs paſſions à la fois qui le jettent,
tantôt ſur un écueil, tantôt ſur un autre; état qu'un Prophête dépeint fort
bien, en diſant que *le méchant eſt*
comme une mer en tourmente, qui Eſaïe
jette de tous côtez de la bourbe & du LVII.20.
limon. Pour affranchir l'homme de
cette miſére, les *Stoïciens* vouloient
arracher juſqu'à la moindre racine des
paſſions, & l'élever à un état d'inſen-
ſibilité. Ils le vouloient, mais ils n'en
pouvoient venir à bout; c'eſt trop
prétendre; c'eſt aller contre la Nature.
L'Evangile s'y prend beaucoup mieux,
quand au lieu d'étouffer les paſſions,
il travaille à les adoucir, à les régler
& même à en tirer de bons uſages. Et la
vraye maniere de les tempérer, c'eſt
de leur oppoſer quelque choſe de plus
fort; c'eſt d'offrir à nôtre cœur des
objets qui effacent tout ce que nous
voyons ici bas, & qui contrebalancent
l'impreſſion des choſes ſenſibles. Par-là

Q 5

l'El'Evangile vient à bout de former un *Sage* , mieux que ne fauroit faire la plus fiére Philofophie. *Lactance* l'a fort bien remarqué† : „ Il ne s'agit „ pas, *dit-il*, d'arracher toutes fortes „ de craintes de l'efprit humain ; il „ n'y a qu'à les diriger & à les ra-„ mener à leur vrai point, en laiffant „ fubfifter la crainte de Dieu, qui étant „ la feule légitime , efface & diffipe „ toutes les autres. De même on a „ tort de regarder les defirs fort ani-„ mez comme vicieux ; Ils le font „ quand ils fe raportent aux objets „ terreftres ; Mais qu'on les tourne „ vers ce qui eft célefte , c'eft alors „ une vertu. Car celui qui eft paffion-„ né pour la juftice, pour Dieu, pour „ l'immortalité , pour cette lumiére „ éternelle , & pour tous les autres „ biens que Dieu promet à l'homme, „ méprifera l'or & l'argent, les digni-„ tez & les couronnes. Il faut donc, „ au lieu d'étouffer les paffions, les „ tourner plûtôt du bon côté, parce „ qu'il n'y a que l'abus qui en foit „ blamable ,. Vo.

† LACTANCE, Liv. VI. Chap. 17.

V°. Un autre bénéfice ineftimable du Chriftianifme, c'eft le pardon des péchez, que JESUS-CHRIST procure aux fiens, de la maniere qu'on l'a expliqué ci-deffus. Et fans cela de quel repos pourroit-on jouïr? L'homme fe fentant coupable, & fe regardant comme pourfuivi par la Juftice vengereffe de Dieu, a eû recours à toutes fortes de moyens, fouvent extravagans & barbares, pour defarmer le Ciel. Mais avec ces remédes, il ne pouvoit trouver la tranquillité qu'il cherchoit; les allarmes de la confcience n'étoient point calmées; parce qu'à moins que Dieu n'ait déclaré fes intentions, qui peut favoir comment & jufqu'où il voudra déployer fa miféricorde? La voix de l'Evangile eft bien douce, quand elle vient nous annoncer la rémiffion des péchez, au nom de JESUS-CHRIST, & qu'elle ajoute que Dieu nous *adopte*, qu'il nous donne le titre de fes *enfans*, qu'il traite avec nous une Alliance nouvelle, par où, fans ablutions & fans facrifices, nous pouvons en tout tems être fûrs

d'obted'obtenir grace, en rentrant dans le chemin que JESUS-CHRIST nous a tracé, & en recourant humblement à lui. Il n'y a plus lieu de douter à présent de la Clémence Divine. Nous en avons des promesses positives, & des gages certains. O que l'*Evangile* mérite bien d'être appellé de ce nom, qui signifie une *bonne Nouvelle*, puisque c'est, comme dit S. PAUL, une *parole de reconciliation & un Ministére de Grace !*

CHAPITRE II.

Où l'on continue à parler des fruits de la Foi Chrêtienne dans la vie pré-sente.

LE Christianisme n'est pas seulement propre à éclairer l'esprit, à régler les mœurs, & à calmer les passions, comme nous venons de le voir.

VI°. Les véritez qu'il enseigne & les exercices qu'il recommande, sont aussi d'une nature à donner à l'ame beaucoup

coup d'élévation, de sérénité & de joye. Car quoi de plus beau que de s'élever à la prémiere Caufe, d'en contempler les œuvres, & d'en admirer les perfeĉtions! Quel plaifir de découvrir par tout les vûes de la Souveraine Bonté & de la Souveraine Sageffe! Quelle plus noble occupation que celle-là pour l'efprit! Et en même tems quelle douceur de penfer que nous vivons fous l'Empire d'un fi grand Maître, que le monde n'eft point gouverné par un Deftin ou une Fortune aveugle, mais par une Providence toute fage, qui protége l'innocence, & qui améne tout à de bonnes fins! Quelle douceur de penfer que nous fommes toûjours en la préfence de Dieu, qu'il veille pour nous, qu'il nous a donné le droit d'être appellez fes enfans, que nous pouvons avoir avec lui une forte de commerce familier, en lui adreffant nos vœux & en confultant fes Oracles; Nous lui parlons dans la Priére; Il nous parle dans fa Parole; Nôtre ame fe repofe en lui; Il eft nôtre azile en tout tems. Nous

nous

nous uniſſons avec les autres hommes, comme avec des fréres, pour loüer & bénir nôtre Pére commun ; Nous le béniſſons tant pour l'œuvre de la Création que pour celle de Rédemption, pour ſes bienfaits généraux & particuliers ; c'eſt un ſujet de louanges immortelles. Nous ne redoutons pas ſa Majeſté, ayant accès par Jesus - Christ au Trône de Grace. Nous avons avec lui une Alliance étroite, que la mort même ne peut rompre. Ces ſentimens ſont ſi doux & ſi agréables, que ceux qui ne les connoiſſent pas, doivent porter envie à ceux qui les ont, n'y ayant aucune ſorte de joye dans le monde qui puiſſe donner à l'ame une ſatisfaction auſſi pure & auſſi entiére que celle-là.

VII°. *Lucrece* & les autres *Epicuriens* ont fort bien remarqué qu'une des cauſes qui troublent le plus la vie humaine, ce ſont les noirs fantômes que la ſuperſtition ſe forge. Quand ils appliquoient cette remarque à la crainte des Dieux, cela étoit vrai par rapport aux Divinitez du Paganiſme, qui n'én'étoient autre chose que ce qu'on appelleroit parmi nous les *Démons* ou les *Esprits aëriens* La crainte de ces sortes d'*Esprits*, & de tout ce qui y a rapport, selon les idées de la Magie, est effectivement un épouvantail pour le commun des hommes. Quel reméde y aporter? Celui qu'imaginoient les *Epicuriens*, en bannissant toute Religion, étoit pire que le mal. Outre qu'il est impossible de la déraciner jamais entiérement du cœur humain, ce n'est pas le moyen de renforcer l'esprit que de lui ôter un tel appui; Nous sommes trop foibles pour ne rien craindre, étant abandonnez à nous mêmes. Le meilleur préservatif contre de telles foiblesses, c'est une Religion éclairée & solide comme la nôtre. Qui ne craint pas Dieu, craindra tout ce qui lui vient dans l'imagination. Il n'est pas rare de voir de prétendus Esprits-forts être d'une extrême petitesse sur de certains articles. *Diogéne Laërce* † fait l'histoire d'un certain *Bion*, qui ne cessant de faire la guerre à Dieu,

se

† Voyez DIOGENE LAERCE, LIV. IV.

fe livra pourtant à toutes les puérilitez qu'une vieille Magicienne imaginoit pour lui prolonger la vie. *Ciceron* dit d'*Epicure* * :   ,, Je n'ai jamais vû per-,,fonne qui appréhendat tant ce qu'il ,, avoit dit qu'on ne devoit point ap-,, préhender , je veux dire la mort & ,, les Dieux ,,.   *Bodin* † malgré fa vafte litterature & fon peu de Religion, a fait paroître une crédulité fuperfti-tieufe en diverfes chofes. † Le Comte de *Shaftsbury*, fameux Libertin du tems de *Charles II.* étoit fort adonné à l'Aftrologie judiciaire ‡. On affure la même chofe du Comte de *Boulainvil-liers*. Quélle pitié de voir des gens qui à peine croyent en Dieu, être fi crédules fur d'autres matiéres, & ajou-ter foi à des contes ridicules, pendant qu'ils fe moquent de l'Hiftoire la plus grave & la plus autentique qui fût ja-mats! Le vrai moyen de fe guérir de ces vaines terreurs eft celui que l'Ecri-ture

---

* Voyez Cicero. *de Nat. Deor.* Lib. I.

† Mr. Bayle s'étonne aufli qu'un homme comme *Brantome*, crut qu'il y a une certaine fatalité at-tachée à un nom plûtôt qu'à un autre. *Penfées fur les Comètes*, Tom. I. §. 25. & 30.

ture Sainte indique en deux mots : *Confie toi en l'Eternel, & fai ce qui est bon.* Affermi fur ce roc , je ne craindrai ni les effets d'un malheureux Deftin , ni la maligne influence des Aftres, ni qu'il arrive des bouleverfe-mens dans la Nature par des caufes méchantes ou aveugles. La Providence eft par-deffus tout. Je ne craindrai point non plus l'art des devins , ni la malice des enchanteurs; fachant que le pouvoir de connoître l'avenir, & de faire des chofes fur-naturelles , n'a-partient qu'à Dieu. Enfin l'on doit auffi peu apréhender les Spectres & les Puiffances Infernales , parce que Dieu garde fes enfans, & qu'il ne lâche point la bride aux Démons. Sans entrer philofophiquement dans l'examen de cette matiére , l'Evangile nous montre, par des faits fenfibles, que l'Empire du Diable eft détruit, qu'il n'en faut plus rien apréhender; que nôtre Divin Maître a banni & confondu les Démons par tout où il trouvoit les hommes ‡‡ rete-

Pfeaume
XXXVII

R nus

‡ Voyez les *Mémoires* de Burnet , Tom. I.
‡‡ Voyez le *Sermon* de Mr. De Crouzas , fur la *vérité des Miracles.*

nus fous leur joug, & qu'enfin nous vivons fous l'Empire de Dieu feul; Empire doux & jufte, qui nous délivre de tous ces Tyrans, fous lefquels gémit le refte des humains. Il y a deux extrêmitez dangereufes. D'un côté la fuperftition qui s'effarouche de tout ; & de l'autre l'impieté qui ôte à l'homme tout apui & tout azile. La Religion Chrêtienne, tenant un jufte milieu, nous offre un azile fûr, à l'abri de toute crainte fuperftitieufe.

VIII°. S'il y a des terreurs paniques qui troublent les hommes, il y a des malheurs réels qui les affligent, comme la pauvreté, les maladies, les revers, les douleurs, les afflictions, & la mort. Le Chrétien, par fa bonne conduite, s'épargne une partie de ces maux, qui font tres-fouvent une funefte fuite du crime. Mais s'il y eft expofé comme les autres, il a cet avantage par-deffus les autres, que fa Pieté lui fournit des reffources & des confolations admirables. La privation des honneurs & des richeffes n'eft pas pour lui une affliction amére, parce qu'il n'en

a jamais fait beaucoup de cas ; qu'il
fait reſtreindre ſes deſirs , & qu'il a ſçû
ſe faire une autre ſorte de félicité, indépendante des caprices de la Fortune.
Vivant dans l'innocence, il vit au moins
ſans remords , ſans apréhenſion & ſans
trouble.   En faiſant ſon devoir , il n'a
plus d'inquietude ; il laiſſe à Dieu le
ſoin des événemens , ſachant que, quoi
qu'il arrive , *toutes choſes tournent en
bien à ceux qui aiment le Seigneur.* Les
biens du monde lui ont toûjours parû
trop légers, pour s'étonner de leur vi-
ciſſitude. Se regardant comme un voyageur ici-bas , il voit les révolutions
de la vie, du même œil qu'un voyageur
voit le tems & les chemins tantôt bons,
tantôt mauvais, par où il lui faut paſſer
pour arriver à ſon but. Il enviſage même les afflictions par un côté utile,& les
reçoit comme des remédes ſalutaires,
diſpenſez de la main d'un bon Pére.
Quand il conſidére quelle en ſera la fin,
quand ſa foi ſaiſit déja le prix glorieux
que tout bon Chrêtien peut attendre
de ſes travaux , quand il goute déja
tout ce que les Promeſſes Divines ont

Rom.
VIII.28.

R 2   de

de favorable, quelle force & quelle joye cela n'est-il pas capable de donner! Celui qui n'est pas éloigné du port & qui est sûr d'y arriver, ne s'émeut point de la tempête. Les Philosophes n'ont rien tant cherché que les moyens de rendre l'homme intrépide dans les revers. Y a-t-il rien de si propre à produire un tel effet, que les principes dont nous parlons? Les consolations de la Philosophie sont froides & stériles, en comparaison de celles-là. L'homme qui s'apuye en Dieu, & qui *considére, non les choses visibles, mais les invisibles*, est le seul qu'on puisse dire être véritablement au dessus des vents & des orages. Ceux même qui tiennent peu de compte de la Foi Chrêtienne pendant que tout leur rit, avouent que c'est une admirable réfuge dans l'adversité; Peut-on en faire un plus bel éloge que par cet aveu? Et la prosperité même n'en devient-elle pas plus douce, quand, outre l'art d'en jouïr sagement, on est encore affermi de bonne heure contre les revers à venir? La Pieté Chrêtienne est donc le vrai

vrai moyen d'acquerir cette égalité &
sérénité d'ame, dont les Sages ont fait
leur étude.

Pour recueillir en peu de mots, mais
avec plus de force, le contenu de ces
deux Chapitres, nous ne saurions mieux
faire que d'emprunter les termes de
Mr. *Abbadie* † :   „ La Religion, *dit il,*
„ nous fait considérer les choses sous
„ une forme sous laquelle elle ne nous
„ avoit jamais parû. Elle nous fait sou-
„ frir patiemment les maladies, nous en
„ découvrant la fin & le principe. Elle
„ nous console dans les disgraces ino-
„ pinées, parce qu'elle nous persuade
„ que rien n'arrive sans la Providence
„ d'un Dieu qui fait tourner toutes
„ choses à nôtre avantage. Elle nous
„ humilie dans la prosperité, & nous
„ soutient dans les afflictions. Elle
„ ôte à nôtre cœur ses peines & ses
„ mortifications, en modérant l'excès
„ de ses mouvemens. Elle nous for-
„ tifie contre les frayeurs de la mort,
„ en nous la faisant regarder comme

R 3   „ un

---

† ABBADIE, V. Tableau de la Religion Chrétienne.

,, un paſſage à une meilleure vie. Elle
,, conſole nôtre conſcience par ſes pro-
,, meſſes. Elle nous accompagne en
,, tout tems & en tous lieux; dans les
,, dangers, pour nous raſſûrer; dans la
,, ſolitude, pour nous défendre de l'en-
,, nui & de la triſteſſe, qui nous ſaiſi-
,, roient à la vûe de nous-mêmes &
,, de ce que nous devons devenir; &
,, enfin au lit de la mort, où ſeule elle
,, commence à nous tenir véritable-
,, ment lieu de toutes choſes, parce
,, que l'enchantement de l'amour pro-
,, pre eſt fini, & que la ſcéne du mon-
,, de a diſparû pour toûjours. Il fau-
,, droit certainement être bien aveugle,
,, pour ne point voir d'où vient cette
,, Religion, qui nous fait connoître
,, nôtre miſére, & qui remédie à nos
,, maux tout-à la fois ,,.

CHAPI-

CHAPITRE III.

Des Récompenses de la Pieté Chrètienne dans la vie à venir.

NOus avons vû ce que l'on gagne, dès la vie présente, à suivre l'Evangile. Mais portons nôtre vûe sur l'avenir. Là s'ouvre une nouvelle scéne. Là éclatent toutes les richesses de la Miséricorde Divine. *Nous sommes dès à présent les enfans de Dieu,* dit S JEAN, *Mais ce que nous serons un jour ne paroît point encore. La promesse qu'il nous a faite, c'est de nous donner la vie éternelle.*

1. S. Jean III.

Ib. II.

Cette promesse comprend, comme on l'a vû ci-dessus, 1º. l'immortalité de l'ame, 2º. la résurrection du corps, 3º. une félicité parfaite, en corps & en ame; & enfin une assûrance que ce bonheur ne finira jamais.

Quant à la nature de ce bonheur, quoique l'Evangile n'entreprenne pas de nous le dépeindre exactement, il nous en dit assez pour comprendre qu'il consistera non seulement dans l'exemption

R 4   de

de toutes fortes de befoins & de maux,
mais dans la poffeffion de tous les biens
convenables à nôtre nature. Il ne faut
pas imaginer ici des voluptez groffiéres,
comme le voudroient des gens fenfuels.
Nôtre Seigneur dit que nous *ferons com-*
me les Anges. Il s'agit d'une forte de félicité qui fe tire du fein même de la vertu, & qui foit affortie aux inclinations
nobles & pures que doit avoir une ame
faite pour le Ciel.   C'eft la perfection
de nôtre Etre, qui ayant commencé
ici - bas par l'étude des chofes faintes,
ou, comme parle S. PAUL, par *l'affec-*
tion de l'Efprit qui produit la vie & la
paix, s'achévera dans un féjour plus
heureux. Cette perfection confifte dans
l'accompliffement de nos connoiffances, dans l'admiration perpétuelle des
œuvres & des Vertus Divines, dans
une paix inaltérable, dans la focieté
de nôtre Divin Sauveur, des Anges,
& de tous les fidéles glorifiez, dans
le fentiment continuel de l'amour & de
la faveur de Dieu, dans la jouïffance
de tout ce qui peut ennoblir & récréer
l'ame, dans une joye vive & pure, en
un

un mot dans tout ce qu'un Dieu tout-
Puiſſant & tout Bon peut faire pour
rendre une créature heureuſe.

Qu'on imagine tout ce que la Terre
fournit de richeſſes , d'honneurs &
de plaiſirs , pour faire ce qui s'appelle un homme fortuné ; Que l'on
raſſemble tout ce qu'un grand Monar-
que poſſéde de gloire & de tréſors, &
tout ce qu'il peut en communiquer à un
favori ſur lequel il verſeroit ſes faveurs
à pleines mains ; Que l'on y joigne
cette renommée immortelle qu'ambi-
tionnent les Héros ; Ce ne ſont là encore (on peut le dire) que des jouets
d'enfans , au prix de l'état qui nous eſt
promis. Tous ces biens terreſtres n'ex-
emptent pas l'homme de pluſieurs maux,
ne lui donnent point un contentement
ſolide, & diſparoiſſent en peu d'années.
La figure de ce monde paſſe. Il ne reſte
de tant de grands Rois qui ont fait
trembler la terre , que de triſtes cendres , & un vain nom qui leur eſt inutile après le trépas ; ils n'ont plus de
part à ce qui ſe fait ſous le Soleil.
Pour le Chrêtien , il s'amaſſe un tréſor

R 5   que

que la rouille ne gâte point & qui ne lui fera jamais enlevé ; il s'affûre, comme on l'a déja dit, non une immortalité de nom, mais une immortalité réelle, en corps & en ame. *En effet,* dit S. PAUL, *nous favons que fi cette maifon, où nous logeons fur la terre, comme fous une tente, eft détruite ; nous avons dans le Ciel un édifice, que Dieu nous a préparé, une maifon éternelle qui n'a point été faite par la main des hommes, . . . Ce qu'il y a de mortel en nous fera abforbé par la vie . . . Nos legéres afflictions qui ne durent qu'un moment produifent pour nous le poids éternel d'une gloire infiniment excellente.*

Toute grande qu'eft cette béatitude, & quoique fort au-deffus de ce que nous pouvons mériter, elle eft pourtant conforme, d'un côté à la haute idée que nous devons avoir d'un Dieu *rémunérateur de ceux qui le cherchent,* & de l'autre à nos defirs les plus légitimes : Car, comme il a été remarqué ci-devant, nôtre cœur n'eft point rempli par tout ce qui s'offre à lui fur la terre ; Des biens finis ne le contentent pas ; il afpire à l'infini, il veut & il cherche le Souverain Bien, il va d'objet en objet pour le trouver, il fe dégoute de tout ce qu'il poſſéde; il fe fent né pour quelque chofe de plus haut, il foupire après l'immortalité, & ce defir ne devient que plus vif quand le corps eft prêt à fe diſſoudre. Il ne falloit donc pas moins que ce qui eft promis au Chrêtien pour remplir les vœux de l'homme ; & quand l'Evangile nous parle d'une Vie éternelle, il n'y a rien là qui nous étonne, rien qui foit difproportionné à nos fentimens naturels.

Mais quoi que nôtre cœur afpirat naturellement à une telle félicité, il ne l'auroit point trouvée. & n'auroit pû fe la promettre, fans le fecours falutaire que vient nous prêter l'Evangile. On a déja vû ce que c'étoit pour les Payens que les *Champs Elyſées* ; c'étoit plûtôt un ornement de Poëſie, qu'une réalité confolante. Les Philoſophes n'avoient que des conceptions foibles fur la vie à venir, & les Juifs

eux-

eux mêmes ne faisoient qu'entrevoir la Béatitude Céleste, tant leur Loi sembloit se borner à des promesses temporelles. Mais dans le Nouveau Testament, il n'y a plus ni ombre ni nuage sur cet article. Autant que ses promesses sont magnifiques, autant sont-elles clairement proposées. *La vie & l'immortalité a été mise pleinement en lumiére par l'Evangile*, comme dit S. PAUL à *Timothée.* S. PIERRE reléve aussi cela comme un privilége de la nouvelle Economie, & en même tems il dépeint fort vivement la grandeur des biens qui nous sont promis, quand il dit : *Béni soit Dieu, le Pére de Nôtre Seigneur* JESUS-CHRIST, *qui nous a régénerez, en nous donnant une espérance de vie, par la résurrection de* JESUS-CHRIST, *pour nous faire obtenir l'héritage qui ne se peut souiller, ni flétrir, & qui nous est reservé dans les Cieux.*

Aussi, quelle différence de cette persuasion que les Apôtres font paroître, & qu'ils inspiroient à tous ceux qui suivoient leur doctrine, d'avec celle
qu'en

qu'en ont eû des efprits, d'ailleurs pénétrans, mais deftituez de cette clarté !
,, On ne doute point que *Socrate* n'ait
,, crû l'ame immortelle, (difoit Mr. *de*
S. Evremont).   ,, Si vous y prenez
,, garde néanmoins, vous verrez que
,, *Socrate* en difcourt en homme qui
,, le fouhaite, & traite l'anéantiffement
,, en Philofophe qui ne le craint pas ...
,, Après avoir tâché de perfuader fes
,, amis dans la prifon, on voit bien
,, qu'il ne peut s'affurer lui-même. Il
,, finit fon difcours avec des doutes, &
,, tous fes raifonnemens n'aboutiffent
,, qu'à détourner de fon efprit l'image
,, de la mort ... *Sénéque* eft un fan-
,, faron qui ramaffe vainement toutes
,, les forces de fon efprit pour affûrer
,, fa contenance. On peut en dire au-
,, tant des autres Philofophes. Quel-
,, que fois ils nous content des mer-
,, veilles du féjours des Dieux & de la
,, derniére félicité ; quelque-fois ils
,, ne favent où les loger, & ils difent
,, que tout s'anéantit dans la mort juf-
,, qu'à la mort même. Tantôt ils fe
,, promettent l'immortalité & la pro-
,, met-

,, mettent aux autres. Tantôt ils s'en
,, moquent. D'où penfez-vous que
,, vienne cette variation dans leurs fen-
,, timens ? C'eft qu'ils font troublez
,, par des idées différentes de la mort
,, préfente & de la vie future. Leur
,, ame incertaine fur la connoiffance
,, d'elle-même établit ou renverfe fes
,, opinions, à mefure qu'elle eft féduite
,, par les diverfes apparences de la vé-
,, rité ,.. On ne verra point de femblable variation ni incertitude chez
ceux que l'Evangile éclaire, parce qu'effectivement les promeffes qu'il contient,
font de la derniére force & de la derniére clarté.

CHAPITRE IV.

*De l'effet que doivent produire fur nous
les promeffes concernant la vie à
venir.*

LEs promeffes dont nous venons de
parler étant fi belles, fi claires &
fi folides, il eft aifé de juger quel
relief

relief elles donnent à la Religion qui les annonce.

L'on a déja pû voir ci-deſſus, que la doctrine d'une *Vie à venir* eſt un point capital pour mettre au jour la Juſtice & la Bonté Divine, pour ſervir de clé à tout le ſyſtême de la Providence, & pour remplir la deſtinée d'une créature qui a des deſirs & des facultez telles que l'homme en a, & qui eſt miſe ici bas dans un état d'exercice & d'épreuve.

L'on a vû auſſi de quel poids eſt cette Doctrine pour ſervir de motif & d'encouragement à la vertu. C'eſt ſans contredit le plus puiſſant reſſort qu'on puiſſe employer pour porter l'homme à de belles actions; Il n'y a point de motif humain, qui puiſſe avoir tant de force. C'eſt un principe capable d'ennoblir toutes nos inclinations & tous nos deſſeins, comme S. PAUL le fait entendre quand il définit ainſi les Chrêtiens : *Ceux qui par la perſévérance à bien faire, cherchent l'honneur, la gloire & l'immortalité.* Celui qui penſe à l'éternité n'aura rien de bas

Rom.II.

bas ni de groffier dans fes penchans. Celui qui afpire à une couronne célefte, n'aura que de grandes vûes. Sa principale application fera de perfectionner fon ame; & il donnera les mêmes foins à l'éducation de fes enfans; parce qu'il s'agit de former, non des créatures faites pour ramper fur la terre, mais des Citoyens du Ciel. Rien au monde n'eft fi propre qu'un tel principe, à infpirer de la générofité & du defintéreffement, comme *Ciceron* le fait dire au vieux *Caton*, dans fon Traité *de la Vieilleffe*. Et au contraire l'ame fe rabaiffe en fe renfermant dans la fphére des chofes préfentes & fenfibles. C'eft pourquoi le *Mentor Moderne*, après avoir montré, que la feule beauté de la vertu & l'utilité préfente qui l'accompagne, ne feroit pas un attrait fuffifant en toute occafion, remarque fort bien, que ,, l'opinion qui borne toute nô-,, tre exiftence à cette vie, doit arrêter ,,naturellement l'ame dans fes plus no-,, bles entreprifes, limiter fes vûes, ,, & les attacher à des objets bas & ,,groffiers. Elle détrône la Raifon, ,, elle

Difc.64.

,,elle éteint dans le cœur tous les
,,fentimens héroïques, & rend l'hom-
,,me le vil jouet & l'efclave infortu-
,,né de chaque paffion. ,,L'incrédu-
,,lité, (dit encore quelqu'un †) ra-
,,vale & rétrécit le cœur ; elle dé-
,,truit en l'homme ces grands fenti-
,,mens & ces hautes idées que la pie-
,,té infpire. Elle lui fait rapporter
,,tout à foi. Il n'aime, il n'eftime les
,,autres qu'autant qu'ils fervent à fes
,,paffions déréglées. L'amitié, la gé-
,,nérofité, toutes les autres vertus qui
,,rendent la focieté fûre, douce, ai-
,,mable, ne fubfiftent plus qu'autant
,,que le propre intérêt s'y trouve. L'a-
,,mour propre de chaque homme eft
,,continuellement fous les armes con-
,,tre celui de fon voifin. Le bonheur
,,d'un feul fait le malheur de cent au-
,,tres. L'ambition, la jaloufie, la
,,haine, l'avarice, l'incompatibilité des
,,humeurs, rendent la vie malheureufe.
,,Toute l'humanité ne nous préfente
,,plus qu'un trifte tableau, qu'une con-
S   ,,fu-

---

† Préface des Lettres de Mr. De Cambrai,
fur la Religion.

,, fufion générale, qu'un contrafte monf-
,, trueux de paffions, qui fe contredi-
,, fent .... Si la fuperftition rabaiffe
l'efprit, l'incrédulité fait le même effet.
N'attendez rien de beau ni de grand
de quelqu'un qui n'attend que le fort
des bêtes.

Non feulement l'efpérance de l'immortalité fert à purifier & à ennoblir
les fentimens de l'homme. Mais on
doit convenir que c'eft la penfée la
plus agréable & la plus douce qui puiffe jamais entrer dans l'efprit humain.
Otez cette efpérance à l'homme, que
lui refte-t-il pour le confoler & pour
le foutenir dans les épreuves de la vie?
Que fommes-nous dans le fyftême de
l'Athée ? De chetives créatures, de
foibles animaux, qui s'agitent & fe tour-
mentent pour des objets de néant, &
qui le plus fouvent ont beaucoup à foufrir dans ce monde; après quoi ils dif-
paroiffent de deffus la fcéne, & voilà leur
rôle fini ; les bons & les méchans font
confondus pour toûjours dans la même
pouffiére ; une belle ame n'emportera
rien de plus que l'ame la plus crimi-
nelle,

nelle; & toute la deſtinée de l'homme
ſera de manger, de boire, de ramper
quelque tems ſur la terre, & puis d'y
être enſeveli. Sur ce pié là, comme
quelqu'un l'a fort bien dit, Etoit-ce
la peine de naître? Quel plaiſir prend-
on à dégrader ainſi l'humanité! „ Bel-
„ le découverte, (dit *Ciceron* †) que
„ celle des Epicuriens, lors qu'ils en
„ viennent à ſe perſuader que la mort
„ ſera pour eux une deſtruction totale!
„ Quand cela ſeroit vrai, y a-t-il de
„ quoi ſe glorifier? Pour moi, je ſais
„ fort mauvais gré à ceux qui veulent
„ m'arracher cette perſuaſion „. Mr.
Paſcal diſoit de même: „ Penſent-
„ ils nous avoir bien réjouis, de nous
„ dire, qu'ils doutent ſi nôtre ame eſt
„ autre choſe qu'un peu de vent & de
„ fumée, & encore de nous le dire
„ d'un ton de voix fier & content?
„ Eſt-ce donc une choſe à dire gaye-
„ ment? N'eſt-ce pas une choſe à
„ dire au contraire triſtement, comme
„ la choſe du monde la plus triſte „?
Si toute la Religion n'eſt pas une fable,

S 2

l'im-

† CICERON Quæſt. *Tuſcul.*

l'impie eſt perdu. Quand même la Religion paſſeroit pour douteuſe, l'impie courroit un horrible danger. Et quand même la Religion ſeroit fauſſe, il u'y gagneroit rien, toute ſa reſſource étant de devenir bientôt un peu de cendres. ,,L'attente d'une autre ,,vie *, qui conſole des maux inévi,,tables de celle-ci, manque à l'Incré,,dule. Ses plaiſirs paſſagers ſont ſans ,,ceſſe interrompus par la crainte im,,portune d'une affreuſe éternité poſſi,,ble. Et dans cette incertitude, qui eſt ,,le plus grand des maux; ſon amour ,,propre, ennemi de ſoi, par un ex,,cès de frénéſie, ne trouve de reſſour,,ce contre ſes frayeurs que dans l'idée ,,de ſon anéantiſſement & de la deſ,,truction totale de ce qui lui eſt ſi ,,cher, de ce *Moi* dont il eſt idolâtre ,,& à qui il ſacrifie tout. Voilà ſa derniére eſpérance. Voilà ce qu'il peut promettre de plus flatteur à ceux qui l'écoutent: ,,Venez leur dira t il. & je ,,vous aprendrai que vous pouvez ètre ,,auſſi

* Préface des Lettres de Mr. De Cambrai, ſur la Religion.

,, aussi vicieux qu'il vous plaira , pourvû
,, que vous le soyez avec adresse ; après
,, quoi vous aurez le bonheur d'être
,, anéantis ; ou si par hazard je me
,, trompe, vous courez risque d'être éter-
,, nellement malheureux ,,. Comment
se peut-il que des gens qui n'ont rien de
meilleur à annoncer, trouvent quelqu'un
d'assez dupe pour leur prêter l'oreille ?

Au contraire l'Evangile a de quoi
se faire écouter , ne fut-ce que par
l'excellence de ses promesses. Car voyez en quelle condition il nous met.
Il ne nous propose pas moins qu'une
Béatitude éternelle ; & nôtre pis aller,
en cas d'erreur , seroit ce même néant
dont l'impie fait sa plus belle ressource.
Quelle comparaison entre ces deux
états ? Dans l'un vous ne risquez rien,
dans l'autre vous risquez tout. L'un de
ces deux personnages est dans une situa-
tion tranquille, où le seul espoir qu'il a,
le rend déja plus content que l'autre, &
où la simple possibilité du succès l'emporte sur ce que l'autre posséde de meilleur.
L'un ne voit dans l'avenir que des objets ravissans ; l'autre n'y voit rien que

 d'affli-

d'affligeant & de redoutable. On raporte d'un affez bon Empereur Payen †
qu'étant fur le point de mourir, il
étoit en peine de fa pauvre ame, ne
fachant fi elle iroit toute tremblante er-
rer par le monde, ou fi elle fe diffi-
peroit au prémier vent. Cette penfée
l'attriftoit, & avec raifon. Que n'auroit-
il pas donné pour avoir la certitude
que nous ayons d'une vie à venir?
Ciceron fait dire à fon ami:　,, Je fou-
,, haite avant toutes chofes que cette
,, attente de l'immortalité foit bien fon-
,, dée, & quand elle ne le feroit pas,
,, je ne fouhaite pas moins de le croire.
Sénéque dit de même:　,, Je me fai-
,, fois un plaifir de m'entretenir de la
,, durée éternelle des ames. J'aimois
,, à m'en laiffer perfuader, & mon cœur
,, charmé d'une fi belle idée, & déja
,, dégouté de la vie par les infirmitez
,, de mon âge, fe livroit volontiers à
,, l'opinion de ces grands hommes, qui
,, nous en flattent plus qu'ils n'en don-
,, nent des preuves,,. Si des Payens,
par la feule élevation de leur ame, ont
faifi avec tant de joye les moindres
lüeurs

†　*Adrien*

Ep. 103.

lüeurs qu'on pouvoit leur offrir fur un fujet fi intéreffant, quel cas ne devons-nous pas faire de ce qu'une Révélation Célefte vient nous en aprendre?

Sous ce point de vûe, nôtre condition devient toute autre qu'auparavant. Si c'eft quelque chofe de chetif & de miférable, que l'homme réduit au court efpace de cette vie, ô que fa deftinée eft belle, quand la carriére de l'Immortalité lui eft ouverte ! Quelle fouffrance ne feroit pas adoucie, quand on penfe *qu'il n'y a point de proportion entre les fouffrances du tems préfent, & la gloire à venir, qui doit être manifeftée en nous ?* Quelque attachez que nous foyons à cette chair mortelle, quelle frayeur nous caufera la mort, quand l'Ecriture nous aprend que ce n'eft qu'un fommeil, & que nous nous réveillerons un jour pour voir la lumiére ? Quelle plus grande confolation dans la maladie, que de méditer ces paroles : *Heureux font ceux qui meurent au Seigneur, car ils fe repofent de leurs travaux, & leurs œuvres les fuivent?* Quel cou-

Rom.
VIII.

S 4

rage

rage une telle penſée ne donne-t-elle pas, pour braver toutes ſortes de périls & d'obſtacles? comme fait S. PAUL dans ce même Chapitre de la I. *Epitre aux Corinthiens*, où il avoit prouvé la certitude d'une Réſurrection: *La mort*, dit il, *a été engloutie pour toûjours: Où eſt donc, ô mort, ton aiguillon? ô ſépulchre, où eſt ta victoire?., Graces à Dieu qui nous a rendus vainqueurs en* JESUS-CHRIST. *C'eſt pourquoi, Mes Chers Fréres, ſoyez fermes & inébranlables, travaillant toûjours de mieux en mieux à l'œuvre du Seigneur, puiſque vous ſavez que le travail que vous faites ne demeurera point ſans récompenſe.* Nous ſommes *affligez de toutes manieres*, dit-il ailleurs, *mais nous ne ſommes pas ſans reſſource; on nous perſécute, mais nous ne ſommes pas perdus. Nôtre courage ne s'abbat point, & quoique nôtre homme extérieur ſe détruiſe, l'homme intérieur ſe renouvelle de jour en jour. Car nos légeres afflictions, qui ne durent qu'un moment, produiſent pour nous le poids éternel d'une gloire infiniment excellente.*

Ainſi

Ainsi nous ne considérons point les cho-
ses visibles, mais celles qui sont invisi-
bles. Car les choses visibles sont passa-
géres, mais les invisibles sont éternelles.

Cette même fermeté avoit passé chez tous ceux à qui les Apôtres avoient inspiré la même Foi. ,, On nous vante, (dit un Pére de l'Eglise) ,, comme un exem-,, ple rare, la constance de ce Philo-,, sophe Indien, qui se jetta sur un ,, bucher, en espérant une meilleure ,, vie. Mais on ne voit rien là qui ne ,, soit commun parmi nous, n'y ayant ,, ni femmes ni enfans, qui, par la gra-,, ce de JESUS-CHRIST, n'ait une ,, persuasion plus forte de cette vérité ,, qu'aucun Philosophe, & ne soit prêt ,, à la prouver, non seulement par des ,, paroles, mais par des actions & des ,, effets. C'est ce qui a produit ce zéle incroyable, ce détachement du monde, cette sainteté, ce courage qu'on a vû chez les Martyrs, & qu'aucune autre cause n'auroit pû produire. Il faut encore entendre là-dessus l'aveu de Mr. de *S. Evremont.* ,, Un esprit tran-,, quille, *dit-il*, qui examine de sang

S 5   ,, froid

„froid, la fortie de ce monde, ne
„fort guéres de fon affiéte par la lec-
„ture de *Platon* ni de *Sénéque*. Ils
„ont beau prôner que la mort n'eft
„pas un mal ; fi la Grace ne vient au
„fecours, ils ne nous déterminent point.
„Il n'apartient qu'au Souverain Maître
„de la Raifon, de faire des Martyrs,
„d'infpirer un mépris courageux des
„faux biens, & de perfuader fur fa
„parole qu'il nous en prépare de vé-
„ritables „.

L'inégalité des conditions fait qu'u-
ne partie du genre humain porte envie à l'autre, & que le plus grand
nombre fouffre l'indigence & la baffeffe. Mais dans le point de vûe que
nous préfentons, toutes les conditions
fe raprochent, parce que le même
prix leur eft propofé. Que nous importe d'être riches ou pauvres, maîtres ou ferviteurs, fi la Vie éternelle
nous eft également deftinée? La petite
différence qu'il y a d'homme à homme par rapport à des biens paffagers,
difparoit entierement, dès qu'ils peuvent
tous parvenir au Souverain Bien. Ils

font

sont égaux pour l'essentiel, & ne diffèrent que dans l'accessoire. Le plus petit au Royaume des Cieux l'emporte infiniment sur ce qui n'est grand que selon le monde. Prenez la fortune la plus brillante, comme celle d'un *Alexandre* ou d'un *Jules-César*, en suposant qu'elle se termine à la mort, il est visible qu'elle n'aproche pas du bonheur d'un simple Chrêtien, obscur & rebuté dans le monde, mais qui a sa part à l'héritage du Ciel. Cette précieuse part efface toutes les grandeurs humaines. Cette attente réhausse l'humanité, la soutient & la console dans toutes ses traverses. C'est véritablement un sceptre & une couronne, comme l'Ecriture en parle. „O le pré-„cieux baûme que celui de l'immor-„talité! s'écrioit *Clément Alexandrin*†. „O le bel hymne que cette voix qui „dit : L'homme sera immortel en s'a-„puyant sur le fondement de la justice!

C'est pourquoi *Arnobe* * s'étonnoit qu'on aime à chicaner contre Dieu sur

un

---

† CLEM. ALEXAND. Avertissement aux Gentils,
* ARNOBE, Liv. II. *à la fin.*

un point où il n'y a qu'à gagner pour
nous ; & que l'on se montre si difficile, quand il s'agit de répondre à une
si belle vocation. Ne seroit - ce pas,
dit-il, le cas de risquer quelque chose ?
Il y a plaisir d'entendre aussi le *Sp ecta-
teur Anglois* *, faisant là - dessus les
reflexions suivantes, avec son énergie
& son bon sens ordinaire : ,, Il y a
,, quelque chose de si bas & de si in-
,, digne dans l'ambition dénaturée de
,, ces hommes qui se flattent d'être
,, anéantis, & qui se plaisent à pen-
,, ser que toute leur fabrique sera un
,, jour réduite en poussiere & con-
,, fondue avec la Masse des Etres ina-
,, nimez ; qu'elle mérite autant nôtre
,, surprise que nôtre pitié. Quoi qu'il
,, en soit, il n'est pas difficile d'en pé-
,, nétrer la cause. Les Incrédules sou-
,, haitent leur anéantissement, parce
,, qu'ils n'ont pas le courage d'être im-
,, mortels. Quelqu'un qui s'est dégra-
,, dé, jusqu'à se mettre au dessous des
,, bêtes brutes, est bien aise de résigner
,, ses prétentions à l'immortalité, & de
,, les

* *Spectateur*, Tom. III. Disc. V.

„les remplacer par un bonheur néga-
„tif qui confifte dans l'extinction de
„fon Etre . . . Pour moi, *dit-il,*
„*ailleurs* †, l'efpérance d'une vie à
„venir eft ce qui confole & réjouït
„mon ame. C'eft ce qui rend toute
„la nature riante autour de moi; c'eft
„ce qui redouble tous mes plaifirs &
„qui me foutient au milieu de toutes
„mes afflictions. Je puis regarder avec
„indifférence les échecs & les revers
„de la Fortune, les douleurs & les
„maladies, la mort même, & ce qui
„eft pire que la mort, la perte de
„ceux qui me font les plus chers au
„monde; pendant que j'ai en vûe les dé-
„lices de l'éternité & un nouvel état,
„où il n'y aura ni frayeurs, ni pei-
„nes, ni chagrins, ni maladies, ni
„aucune féparation d'amis . . . Pour-
„quoi vouloir m'ôter une perfuafion
„qui fert à me rendre & plus heu-
„reux & plus honnête homme?

† *Spectateur*, Tom. II. Difc. LVI.

CHAPITRE V.

Conclusion de tout ce qui a été dit sur l'excellence de la Religion Chrêtienne.

LE plus bel éloge qu'on puisse faire du Christianisme, est de le montrer tel qu'il est, avec tout ce qui lui est propre, & dégagé de tout ce qui lui est étranger. Il gagne infiniment à être connu de cette maniere: Et, peut-être l'indisposition que plusieurs témoignent à cet égard, ne vient-elle que des fausses idées qu'ils s'en font faites: Ils se forgent des monstres pour les combattre. Les uns le regardent comme un amas de dogmes abstrus & incompréhensibles, qu'il faut recevoir d'une foi aveugle. Les autres se le figurent comme une doctrine de pure spéculation, qui n'a point d'utilité réelle dans la vie commune. Quelques uns le font consister en de menües dévotions, aussi stériles que gênantes. Plusieurs en font une affaire de cérémonie & de pompe, & un vain

specta-

ſpectacle. Il y en a qui regardent ſes Préceptes comme un joug inſupportable. D'autres ne connoiſſent de la Religion que ce qui a rapport à de certaines controverſes. Et enfin pluſieurs ſe ſont mis dans l'eſprit que ce n'eſt qu'un ſyſtême politique, par où le Clérgé a voulu dominer ſur les conſciences, pour augmenter ſon crédit & ſes richeſſes. Avec de tels préjugez, auxquels nous avoüons qu'on n'a que trop ſouvent donné lieu, il n'eſt pas ſurprenant qu'il y ait des Incrédules. Mais qu'ils ayent l'équité de prendre le Chriſtianiſme dans ſa ſource; qu'ils conſultent, non des Théologiens hériſſez d'opinions ſcholaſtiques, non ceux qui prennent à tâche d'entretenir la ſuperſtition; mais ceux qui ont dépeint la Religion dans ſa pureté & dans ſa ſimplicité naturelle; Ils verront que cette doctrine bien conçûe, eſt toute autre qu'ils ne ſe la répréſentent.

Ils verront, après l'avoir conſiderée ſous ſes diverſes faces, que ce n'eſt point un ſyſtême incomplet; mais que c'eſt un Tout bien lié, où les *Dogmes*

ſer-

servent de bafe aux *Préceptes*, où les Préceptes répondent aux Dogmes, où les *Promeſſes* fervent de couronnement à tout l'édifice, & où il ne manque aucune des parties qui doivent entrer dans un Corps de Religion.

Ce n'eſt pas non plus un ouvrage formé avec le tems & piéce à piéce, comme il arrive à tous les ſyſtêmes humains. Celui-ci a été parfait dès ſon origine, & beaucoup plus beau, tel qu'il eſt ſorti des mains du Maître, qu'avec ce qu'on a voulu y ajouter depuis, qui n'a ſervi qu'à le défigurer.

Cette doctrine ne s'arrête point à de petites choſes. Elle s'éleve à tout ce qu'il y a de plus haut & de plus important. Une Révélation Divine ne ſauroit embraſſer d'autres objets que ceux-là.

Cette doctrine ſi ſublime dans ſon objet, ſi profonde dans ſa ſource, eſt pourtant ſimple & populaire ; ce qui eſt le caractére d'une vraye Religion. Ce n'eſt point une *Théorie* ſubtile, réſervée aux Savans. Ce ſont des enſeignemens faits pour tout le monde,

&

& dont les ignorans peuvent profiter aussi-bien que les autres. Un petit nombre de principes, mais de principes féconds, solides, clairs, étendus, qui étant imprimés dans l'ame, y produisent la sainteté & l'amour des choses célestes ; voilà le Christianisme. Il est à la portée des plus simples ; il fait aussi l'admiration des plus habiles*.

L'impieté est un écueil ; la superstition en est un autre. La Religion Chrêtienne tient le milieu entre ces deux extrêmitez. Elle inspire une pieté sage, pure, éclairée, sociable, fondée sur l'examen, qui ne donne point dans des minuties, qui va toûjours au bien, par les plus douces voyes & par les plus nobles motifs.

La Religion Naturelle se retrouve ici dans son entier, après avoir été comme égarée & perdue dans les ténébres du Paganisme. Ces grandes véritez, qu'il y a un Dieu unique, très-parfait, Créateur de l'Univers, qui veut être servi *en esprit & en vérité* ; qu'il y

T   a

*Voyez là-dessus la belle Exhortation d'ERASME, à la tête de sa Version du *Nouveau Testament.*

a une Providence ; qu'il y a des Loix
de juſtice données à l'homme ; qu'il
y a une vie à venir , & des peines
pour les méchans, auſſi bien que des
récompenſes pour les bons ; Toutes
ces véritez de la derniére importance,
ſont poſées ici en principes, clairs &
indubitables, d'une maniére qui les tire
pour toûjours de l'oubli ou de l'altération où elles étoient tombées auparavant. La Religion Naturelle pleinement
incorporée dans le Chriſtianiſme , y
reçoit une conſiſtence & un ſecours
merveilleux pour être tournée à l'uſage du peuple , & pour ſe ſoutenir dans
tous les âges , ſans avoir plus à ſouffrir
des variations de la Philoſophie.

Non ſeulementt la Religion Naturelle ſe trouve incorporée ici : Mais
elle y eſt enrichie de pluſieurs choſes
précieuſes. Aux prémieres Véritez dont
nous venons de parler, l'Evangile en
ajoute d'autres que la Raiſon ne découvre pas ; mais qui étant examinées
ſainement, ne paroiſſent ni déraiſonnables ni hors d'œuvre. Bien loin de-là,
on voit leur liaiſon avec les prémiers
prin-

principes, & leur efficace pour nous unir à Dieu, pour nous fanctifier & nous confoler ; On voit que çà été un fupplément néceflaire pour nôtre état depravé, & qui répond à ce qu'on devoit naturellement attendre d'uneRévélation.

Supofons un vrai Philofophe, qui. dans l'étude de la Religion, fût allé auffi loin qu'il eft poffible par les feules lumiéres de la Nature & qui eut véritablement à cœur l'avancement de la Vérité & de la Vertu. Un tel homme fentiroit pourtant que les idées qu'il s'eft faites des chofes Divines, font imparfaites & défectueufes ; qu'avec toutes fes recherches, il ne fauroit parvenir à une certitude entiére ; que ces idées pourroient beaucoup moins entrer dans l'efprit du vulgaire, qui ne fe méne point par le feul raifonnement ; qu'il feroit donc à fouhaiter qu'une Autorité refpectable vint fixer les idées de Religion Naturelle, & leur donner plus de poids & de confiftence ; qu'il y eût une Inftitution pour les répandre ; qu'il y eût un Culte public fixé, & propre à rendre le Peuple religieux fans fuperftition ; qu'il y

T 2

eût

eût une Régle de Foi & de Mœurs qui eût force de *Loi* ; que chacun fût inf-truit de fes devoirs, & y fût animé par des motifs preffans & fupérieurs à toute forte de tentations ; que l'homme fût invité à la repentance par des gages certains de la Clémence Divine ; qu'il y eût entre Dieu & l'homme un lien plus étroit que la fimple rélation que la Nature y a mife, afin que la Religion fit un plus grand effet fur l'efprit ; & qu'enfin l'attente d'une vie à venir ne fût pas fondée fur une fim-ple conjecture, mais que ce fût une vérité clairement décidée, & connüe des petits & des grands. Il eft certain qu'un Sage, un véritable homme de bien, ne pourroit s'empêcher de fou-haiter ce que nous difons. Or ce qu'il fouhaiteroit, qu'eft-ce autre chofe que l'Evangile ?

Il eft furprenant, que des gens qui fe piquent tant d'eftimer la Religion Naturelle, faffent tous leurs efforts pour décréditer les Livres Sacrez, qui font, comme on vient de l'obferver, l'inftrument & le vrai moyen par où

la

la Religion Naturelle a été remise sur
pié. On peut dire que la Loi Naturelle est contenue dans ces Livres, comme une liqueur précieuse l'est dans un
vase qui sert à la conserver & même
à en augmenter la force. Les Déïstes
s'arrêtant à la forme de ce vase qui
n'est pas à leur gré, s'éfforcent de le
briser, pour avoir, disent-ils, la liqueur
toute pure. Ils ne l'auront jamais
moins que de cette façon. Elle s'écou-
lera, & ils n'auront point d'autre vase
pour la contenir; elle sera bien-tôt
gâtée ou perdue.

Quand on n'envisageroit le Christianisme que comme un Systême de Philosophie, il faudroit convenir que c'est
une Philosophie admirable. Elle nous
méne tout d'un coup aux prémiers principes, où sans cela on n'iroit qu'à tatons;
elle enseigne des Véritez excellentes;
elle nous fait envisager nôtre condition & nôtre destinée sous un point
de vüe qui nous reléve infiniment, qui
nous soutient & nous console, & qui
est propre à nous inspirer les sentimens les plus louables. Quand on ne

 sau-

sauroit pas encore sur quelle autorité elle est fondée, cela n'empêche-
roit pas qu'on ne la trouvat belle
& satisfaisante. Quand on ne sauroit
pas d'où émanent de tels Préceptes,
on ne laisseroit pas de les admirer,
comme étant si justes & si utiles,
qu'il ne peut rien arriver de plus salutaire à l'homme que de les suivre. ,,Quoi
,, de plus doux, (disoit *S. Hilaire* *)
,, que de porter le joug de JESUS-
,, CHRIST ? C'est être agréable à
,, tout le monde, s'abstenir du crime,
,, aimer le bien, fuïr le mal, chérir
,, son prochain, n'être ennemi de per-
,, sonne, avoir peu d'attachement pour
,, les biens présens, ne pas faire à au-
,, trui ce que vous ne voudriez pas qui
,, vous fût fait, & par cette voïe par-
,, venir à l'immortalité ,,.

Que les Déïstes essayent de dresser un
plan de Doctrine à leur gré : On les verra prendre chacun des routes différentes, poser des principes foibles & varia-
bles, énerver le Culte Divin & la Morale, multiplier les doutes bien loin de
les

* HILAR. *in* Matth. *Canon.* XI.

les réfoudre, fe confondre prefqu'à chaque pas, & en être réduits enfin ou à
fe raprocher du Chriftianifme, ou à
nous donner un fyftême incomplet,
léger, dénué d'autorité, fans preuve
& fans régle fixe. Croit-on qu'un tel
fyftême fût une bonne barriére contre
les defordres de l'impieté ?

Mr. *Le Courayer* fait ce beau portrait du Chriftianifme, que le Lecteur
fera bien aife de trouver ici †, d'autant
mieux que c'eft comme une récapitu-
lation de tout ce qu'on vient de lire.
,, Convaincu, *dit-il,* de l'exiftence d'un
,, Dieu à qui nous devons l'être, &
,, qui mérite par-là nôtre adoration &
,, nôtre reconnoiffance, & perfuadé que
,, nous fommes nez pour une autre vie;
,, je n'ai regardé qu'avec horreur l'indif-
,, férence avec laquelle vivent la plûpart
,, des hommes fur un point, dont la déci-
,, fion intéreffe fi fort nôtre tranquillité.
,, Du Culte de Dieu, & de l'efpérance

T 4

d'une

---

† Rélation Hiftorique & Apologétique de la
conduite & des fentimens du P. LE COURAYER,
Chanoine Regulier de Sainte Géneviefve, Chap. XX.

„ d'une autre vie, il a été facile de paſſer
„ à l'approbation du Chriſtianiſme, qui
„ plus qu'aucune autre Religion, a mis
„ ces Véritez en lumiére, & nous four-
„ nit les moyens d'en faire uſage pour
„ nôtre ſanctification. Plus j'ai étudié
„ l'Evangile, & plus il m'a paru digne
„ d'être admiré & ſuivi. Rien n'eſt ſi pur
„ que le Culte qu'il enſeigne, rien de
„ ſi exact que les régles qu'il preſcrit,
„ rien de ſi ſaint que la vie qu'il pro-
„ poſe, rien de ſi noble que la ré-
„ compenſe qu'il nous fait eſpérer,
„ rien de ſi propre à rendre les hom-
„ mes & les ſocietez heureuſes, puiſ-
„ qu'en ſoumettant les paſſions à la
„ Raiſon & à la Religion, il ôte juſ-
„ qu'à la ſource de nos malheurs, en
„ ôtant celle de nos deſordres. Il
„ ſuppoſe toutes les Véritez naturelles
„ & n'en détruit aucune. Il réforme
„ tous les vices & nous conduit à la
„ pratique de toutes les vertus. Il
„ rétablit dans les hommes ces idées
„ de juſtice, de charité, de tempé-
„ rance, de modeſtie, & de pieté que
„ l'Auteur de la Nature avoit formées
„ en

„ en nous, & que le péché y a dé-
„ truites. Rien n'eſt ſi vrai que ce que
„ dit *S. Paul*, qu'en JESUS-CHRIST
„ tout a été rendu nouveau , & que
„ par une eſpéce de ſeconde création,
„ nous avons été rendus de nouveau
„ capables d'une juſtice & d'une ſain-
„ teté véritables. Nouvelle miſſion ;
„ la Religion n'eſt plus reſſerrée dans
„ les bornes d'un Peuple ou d'une Pro-
„ vince ; & tous les hommes , n'ayant
„ que le même Créateur, ſont rapellez
„ ſans diſtinction aux mêmes Loix &
„ aux mêmes eſpérances. Nouveau
„ Culte ; nous connoiſſons que le ſeul
„ qui lui ſoit agréable, eſt celui qui eſt
„ en eſptit & en vérité. Nouvelle Mo-
„ rale ; l'Evangile ne ſe borne plus à
„ réprimer l'action extérieure du pé-
„ ché ; il apprend à en tarir la ſource,
„ en condamnant juſqu'aux penſées &
„ aux ſimples deſirs. Nouvelles eſpéran-
„ ces & nouvelles craintes ; ce n'eſt plus
„ par l'attente des biens temporels, ou
„ la crainte de ces maux, que nous ſom-
„ mes excitez à pratiquer le bien & à fuir
„ le mal. Tout ce qui ſe borne à cette

T 5

vie

„ vie n'a rien qui nous paroiſſe digne
„ de nous; & l'homme mieux inſtruit
„ de la grandeur de ſon origine & de
„ ſa fin, ne forme plus de penſées que
„ pour l'éternité, à laquelle il ſent que
„ ſon ame eſt deſtinée. Le moyen, à
„ qui ſait faire uſage de ſa Raiſon, de
„ ne pas ſe ſoumettre à une Religion
„ qui a perfectionné la Religion Natu-
„ relle & Judaïque, qui nous a dé-
„ couvert tout l'aveuglement & les hor-
„ reurs du Paganiſme, & qui en nous
„ inſtruiſant du véritable caractére de
„ la vertu & de la pieté, nous a pré-
„ munis contre les idées toutes char-
„ nelles du Mahometiſme ; lequel ne
„ fait qu'ajouter au Judaïſme le plus
„ groſſier, de nouveaux attraits pour
„ ceux qui portent juſques dans la Reli-
„ gion des penſées de chair & de ſang,
„ & qui ne ſauroient honorer Dieu ſans
„ des vûes ſenſibles, ou ſans quelque
„ indulgence pour leurs deſirs „.

Sur ce portrait du Chriſtianiſme qui n'eſt point flatté, je dis, qu'on doit non ſeulement admirer cette Doctrine comme excellente, mais la ré-
re-

réconnoître pour *Divine*. Elle l'eſt
déja entant qu'elle s'accorde avec la
droite Raiſon, puiſque la Raiſon vient
de Dieu; Mais de plus, elle l'eſt par
des caractéres encore plus brillans, qui
ſont comme le ſceau de la Divinité.
Il n'apartient point à l'homme de s'é-
lever ſi haut. Cette excellence propre,
cette utilité, cette ſainteté de la Loi
Chrêtienne, nous marquent aſſez ſon
origine, indépendamment de ce que
les preuves hiſtoriques nous en apren-
dront. Ce qui porte tant de traits de
la perfection céleſte, ne peut venir
que du Ciel. Tout ce que l'homme
imagine ſe raporte à lui-même : Il n'a
que des vûes baſſes, pour flatter ſa cu-
pidité ou ſon orgueil. Ici Dieu nous
eſt propoſé comme le principe & la
fin de tout. L'homme eſt infiniment
humilié en ſa préſence, mais humilié d'une maniere qui fait ſa véritable grandeur. La gloire de Dieu,
la ſanctification & le ſalut de l'homme, voilà les deux grandes fins de la
Religion Chrêtienne. Il n'y a que la
Sageſſe Divine qui ſache ſe propoſer
des

des fins si excellentes. L'homme seul ne se forgeroit pas une Religion comme celle-là.

Tout ce qui vient de l'homme se ressent de sa foiblesse. Aussi que de taches, que d'écarts dans les autres Religions! Celle de JESUS-CHRIST n'a point les défauts des autres, & elle a des prérogatives que les autres n'ont point. Elle n'est ni charnelle, ni mondaine, ni dans les vûes d'une Politique terrestre. Tout y respire l'Esprit de Dieu, & le goût des choses célestes; On ne sauroit nulle part aprendre si bien à honorer la Divinité, & à lui rendre un Culte digne d'elle. On ne sauroit trouver ailleurs ni plus de secours pour bien vivre, ni plus de consolations. L'on ne sauroit non plus imaginer un prix plus glorieux que celui qui nous y est proposé, ni une plus noble fin à laquelle l'homme puisse tendre. Tant de perfection n'apartient qu'aux ouvrages de Dieu.

Cette perfection est d'autant plus remarquable, que, comme le dit Mr.
Abba-

* ABBADIE, Tableau II. de la Relig. Chrêt. *Tom. II.*

Abbadie * :   ,, Les autres Religions,
,, font des productions monſtrueuſes,
,, des plus polis & des plus habiles des
,, hommes : au lieu que la Religion
,, Chrêtienne eſt une production ad-
,, mirable, qui paroît venir des perſon-
,, nes les plus ſimples & les plus groſ-
,, ſieres qui furent jamais,,. Pourquoi
les Philoſophes n'ont-ils pas ſi bien ſaiſi
le vrai, ni porté leur vûe ſi haut? Pourquoi n'ont-ils jamais eû de ſi belles
idées de la Divinité & de la Morale?
Pourquoi ont-ils tant cherché le ſouverain Bien, ſans ſe fixer à rien? Pourquoi faut il que le monde ſoit redevable de ſes plus belles connoiſſances à la
prédication des Apôtres plûtôt qu'à la
découverte de tant de Sages ſi vantez?
Cela ne montre t-il pas clairement que
les uns ont parlé comme des hommes,
& les autres avec des lumiéres ſupé-
rieures & divines ?

Ainſi, bien loin que la Raiſon nous
détourne d'embraſſer le Chriſtianiſme,
la Raiſon elle-même nous crie que c'eſt
l'œuvre de Dieu, qu'il faut s'y ſoumettre, que la Sageſſe le veut, que nôtre

tre intérêt le demande; qu'il ne peut rien nous arriver de plus heureux que d'avoir la Foi & la Pieté Chrêtienne; qu'on doit le souhaiter pour soi & pour les autres; & qu'il n'y a qu'un travers d'esprit, aussi injuste que bas & grossier, qui puisse faire trouver un malin plaisir & une sorte gloire à combattre une Religion si utile & si sainte? Celui qui n'a pas encore le bonheur d'en être convaincu, doit au moins souhaiter de l'être, & ne pas fermer volontairement les yeux à une clarté si salutaire. Que le cœur soit droit, & l'esprit sera bien-tôt éclairé. Que l'on ait de la retenue, de la modestie, de l'amour pour l'ordre & pour les bonnes mœurs; que l'on veuille honorer Dieu; la beauté du Christianisme ne tardera pas à se faire sentir, comme Nôtre Seigneur le disoit: *Si quelqu'un veut faire la volonté de Dieu, il connoîtra bien-tôt si ma doctrine vient de Dieu, ou si je parle de mon chef.* Plus on on connoîtra cette Doctrine, & plus on y remarquera de Sagesse & de raport avec nos besoins; plus on en trouvera

S. Jean
VII.

vera la pratique douce, & les promeffes confolantes. On fentira par expérience que cette Religion eft véritablement faite pour être l'azile de l'homme; Que c'eft un tréfor à l'acquifition
duquel on doit donner tous fes foins;
tréfor avec lequel on vivra plus content qu'avec toutes les richeffes du
monde, & qui ne nous fera point enlevé.

Cette preuve de fentiment, eft, fans
doute, la plus propre à toucher des gens
raifonnables, & pourroit prefque fuffire
pour ceux qui ont à un certain degré,
le goût de ce qui eft bon & vrai. Cependant puifqu'à cette forte de preuve *interne*, tirée de l'excellence même
de la doctrine, Dieu a bien voulu en
joindre d'autres, encore plus frapantes
pour le commun des hommes, &
qu'on peut appeller les preuves *exter-*
nes, nous ne devons pas les laiffer
en arriére. Ce fera, s'il plaît à Dieu
le fujet d'un autre Volume, où l'on
verra que cette Doctrine déja fi belle
en elle-même, a encore le privilége, d'avoir été annoncée par les per-
fon-

perſonnages les plus ſaints, & les moins
ſuſpects de fraude qu'il y eût jamais ;
de répondre à tout ce qui étoit prédit par les Oracles du Vieux Teſtament;
d'avoir été confirmée par des miracles
authentiques ; d'avoir été ſcellée du
ſang d'une infinité de Martyrs, & enfin
de s'être répandüe dans le monde avec
un ſuccès incroyable, & tel qu'on ne
peut l'attribuer qu'à la force de la Vérité & à des ſecours ſur-naturels ; De
ſorte que, comme dans les ouvrages
de la Nature, tout nous invite à reconnoître la main de Dieu ; auſſi dans
l'Evangile, tout nous montre une Sageſſe Supérieure, qui n'eſt point celle
du monde, mais qui eſt, comme dit
S. Paul, la *Sageſſe Divine, la Sageſſe*
1. Cor. II. *pour les hommes ſpirituels & parfaits,*
laquelle étoit un myſtère, c'eſt-à dire,
une choſe cachée, que Dieu avant tous
les ſiécles avoit deſtinée pour nôtre gloire.

AMEN.

PEN-

PENSÉES
SUR LA
RELIGION,

Traduites du Latin de

Mr. J. A. TURRETTIN,

Profeſſeur en Théol. & en Hiſt. Eccl.

I.

LA *Religion* eſt une ſcience qui nous enſeigne à connoître DIEU, & à le ſervir.

II.

Il eſt auſſi difficile de concevoir le Monde ſans une Divinité, que de concevoir un Poëme, une Maiſon, un Horloge, ſans un Ouvrier qui l'ait fait.

III.

Quand il n'y auroit que la ſtructure

du corps humain, & les merveilles de la vûe, de la parole, de la maniere dont nôtre corps se nourrit, de la génération ; c'en est assez pour nous rendre la Divinité comme sensible & palpable.

I V.

Si par l'ouvrage on peut juger des qualitez de l'Ouvrier, il est certain qu'on ne sauroit avoir une assez haute idée de D I E U, de sa Grandeur, de sa Sagesse, de sa Puissance, de sa Bonté, de sa Justice, &c.

V.

On ne peut non plus douter d'une Providence, qu'on ne peut douter d'une Divinité. Car comment méconnoître le soin que Dieu prend de nous, en nous faisant naître, en nous conservant, en nous préservant de tant de périls, en nous comblant de tant de biens, en obligeant presque toutes les parties de la Nature à nous payer quelque

---

† *Usque in delicias amamur*, dit SENEQUE.
* Ce sont les termes de SENEQUE : *Primus Deorum cultus, Deos credere; deinde reddere illis Maje-*

que tribut, en nous fourniſſant non-
ſeulement le néceſſaire, mais encore le
commode & l'agréable ? †

VI.

Dès que vous reconnoiſſez une Divinité, il faut auſſi une Religion. Car
ſi l'on doit du reſpect & de l'obéïſſance
à un Pére & à un Maître ; que ne doit-
on pas au Pére commun & au Maître
Suprême de l'Univers ?

VII.

L'honneur dû à Dieu, eſt prémierement de croire ſon exiſtence*; Puis, de
reconnoître ſa Majeſté ; de reconnoître ſa Bonté, ſans laquelle il n'y a point
de Majeſté ; de reconnoître ſa Sageſſe,
& ſa Juſtice. &c... Il faut enſuite que
ſes perfections & ſes bienfaits, faiſant
impreſſion ſur nous, produiſent dans
nôtre cœur des ſentimens qui y répondent ; Enfin, ſi Dieu a jugé à propos
de nous déclarer ſa volonté, nôtre de-

V 2 voir

Majeſtatem ſuam; reddere bonitatem, ſine qua nulla
Majeſtas. Scire illos eſſe qui præſident mundo, qui
univerſa ut ſua temperant, qui humani generis tute-
lam gerunt, interdum curioſi ſingulorum. Epiſt.96.

voir est de l'écouter & de nous y soumettre.

V I I I.

Comme il y a des Principes ou des
Véritez de *Spéculation* qu'on ne peut
révoquer en doute, dès qu'on les entend, comme que *le tout est plus grand
que sa partie*, que *si de deux choses
égales on ôte autant d'un côté que d'autre, les restes seront encore égaux*, &c.
il y a aussi des Principes de *Pratique*
ou de *Morale*, dont tout homme qui
est dans son bon sens, doit sentir l'é-
vidence, comme qu'*il faut rendre à
chacun ce qui lui apartient*; qu'*il faut
préférer ce qui est plus excellent à ce
qui l'est moins*; qu'*il ne faut pas rendre le mal pour le bien*, &c...

I X.

Ces sortes de Principes ne dépendent pas de nous. Ils subsistent inva-
riablement, lors même que nous aurions quelque intérêt à les changer.
C'est donc l'Auteur de la Nature qui
les a imprimez dans nôtre ame. Ce
sont autant de Loix, qui nous marquent

quent affez clairement la volonté de
Dieu. C'eft cette Loi Naturelle, *gra-*
vée dans le cœur de tous les hommes,
dont parle S. P A U L au II. Chapitre
des Romains , ℣. 14. & 15.

X.

En confidérant les perfections de
D I E U, l'on comprend qu'il doit fans
doute regarder d'un autre œil ceux
qui l'honorent & ceux qui le mépri-
fent, ceux qui obfervent fes Loix &
ceux qui les foulent aux pieds : S'il
ne met pas entr'eux dans cette vie
toute la différence qui doit y être, il
ne manquera pas de le faire dans uné
autre vie.

X I.

Ainfi la Nature même nous conduit
à reconnoître un D I E U , & à lui rendre un Culte. Mais le genre humain
ne s'étant pas rendu attentif à cette
voix de la Nature , il a plû à Dieu
de faire entendre une autre voix, qui
eft celle de la *Révélation* , tant pour
éclaircir & fortifier ces prémiers enfei-
gnemens de la Raifon , que pour y

V 3   ajou-

ajouter d'autres lumiéres & d'autres
fecours dont l'homme avoit befoin.

XII.

Que les Impies difent ce qu'ils voudront: Ils ne fauroient expliquer d'où
vient qu'un petit Peuple , caché dans
un coin du monde, inconnu aux uns,
& méprifé des autres , ignorant &
groffier , a pourtant eû des idées beaucoup plus faines & plus fublimes de
la Divinité , que les Chaldéens , les
Egyptiens , les Grecs & les Romains,
ces Nations célébres & polies , qui ont
pouffé fi loin les Arts & les Sciences.

XIII.

Ou la Religion Chrêtienne eft véritable , ou il faut dire , que des im-
pofteurs, auffi mal-habiles qu'impudens,
ont plus fait, & ont mieux reüffi, à
répandre la vraye Picté & la Vertu
dans le monde, que tout ce qu'il y avoit
jamais eû d'hommes fages & vertueux.

XIV.

Qu'on ne s'étonne pas qu'une Doctrine auffi excellente & auffi digne de
Dieu

Dieu, que l'eſt la Doctrine Chrêtienne,
ait Dieu pour Auteur. Il ſeroit bien
plus ſurprenant, & même tout-à-fait
incroyable, que des hommes groſſiers,
des pêcheurs, des publicains, des fai-
ſeurs de tentes, euſſent tiré tout cela
de leur cerveau.

X V.

Dieu étant un Eſprit très-parfait &
très-heureux en lui-même, à qui les
hommes ne ſauroient faire ni mal ni
bien, *riche de ſon propre fond, & n'a-*
yant pas beſoin de nous *; ce n'eſt pas
pour lui, mais pour nous, qu'il a établi
la Religion.

X V I.

Dieu n'agit pas dans la Religion
comme un Maître dur, qui ne penſeroit
qu'à faire valoir ſon autorité, ou qui
ſe plairoit à tourmenter ceux qui ſont
dans ſa dépendance. Tout ce qu'il
nous commande eſt auſſi utile que raiſonnable; & la Prudence même ne
nous donneroit pas d'autres conſeils

V 4

pour

---

* Ce ſont les termes d'un Poëte:
Ipſa ſuis pollens opibus, nihil indiga noſtri,

pour nos intérêts, si nous voulions l'écouter.

X V I I.

Ceux qui font consister l'essentiel de la Religion, ou dans certaines subtilitez scholastiques, ou dans des gestes & des grimaces; ont une idée bien basse de la Sagesse & de la Majesté de Dieu. Quand ce grand Maître daigne parler aux hommes, il a des vûes beaucoup plus nobles & plus dignes de lui.

X V I I I.

Le but de la Religion, par raport à Dieu, est de manifester ses vertus, ou, ce qui est la même chose, d'avancer sa *gloire.*

X I X.

Le but de la Religion, par raport à l'homme, est de l'unir à Dieu ; & cela par deux endroits, la *perfection* & la *félicité.*

X X.

Les hommes se *perfectionnent* en devenant *meilleurs*: Car la plus grande perfection d'un Etre intelligent & libre, c'est la Bonté.

X X I.

XXI.

Or les hommes deviennent meilleurs, quand ils aprennent à *suivre l'Orare;* ou ce qui est la même chose, à agir d'une maniere convenable à leur nature & aux rélations qu'ils ont avec les autres Etres.

XXII.

Etre pieux envers Dieu, juste & bienfaisant envers le prochain, tempérant à l'égard de nous-mêmes ; voilà un abregé non seulement de la Loi de Nature, mais encore de ce que nous enseigne la *Grace salutaire*, comme le dit S. PAUL, *Tite* II. ℣. 11. & 12.

XXIII.

Par-là nous revenons à la pureté de nôtre origine. Par-là nous faisons un excellent usage de nos facultez. Par-là nous aprochons du grand modéle de la perfection, & nous devenons en quelque forte *participans de la Nature Divine*, comme le dit S. PIERRE, II. *Ep.* I. ℣. 4. Car le caractére le plus distinctif de la Divinité, c'est d'ai-

V 5   *mer*

mer souverainement & constamment
l'*Ordre*, ce qui s'apelle aussi la *Sainteté.*

X X I V.

· En nous menant à la perfection,
la Religion nous méne aussi à une véritable & solide *Félicité.* Car il ne faut
pas compter pour un bonheur solide,
de joüir d'une sorte de biens aussi vains
& aussi passagers que le sont ceux de
la Terre. Il n'y a de vrai bonheur
que celui qui nait de la Pieté & de la
Vertu.

X X V.

C'est une joye au juste, & une joye
très-raisonnable & très-pure, *de faire
ce qui est droit.* P R O V E R B. XXI.
⍦. 15.

X X V I.

Il est certain aussi que les passions
déreglées & les mauvaises actions portent le plus souvent leur peine avec
elles-mêmes; au lieu que chaque Vertu influe sur le bonheur de la vie ;
La tempérance, par exemple, conserve
la santé ; La charité, la douceur, la
mo-

modeftie, nous attirent l'affection des autres hommes ; La patience fert à adoucir les maux ; & ainfi des autres.

XXVII.

D'ailleurs la Vertu contribue infiniment au bonheur & au repos de la focieté, dont chaque particulier fe reffent, en menant une vie plus paifible.

XXVIII.

Mais la principale utilité de la Religion ne fe borne pas à des biens temporels. Elle fert fur-tout à écarter la colére de Dieu & à nous attirer fa faveur; de ce Dieu dont la colére eft fi redoutable, & dont la faveur eft d'un prix au-deffus de tout ce qu'on peut imaginer.

XXIX.

De-là naiffent de grandes douceurs, dès cette vie même : comme une confcience qui ne fe reproche rien, ce qui eft la plus pure fatisfaction que l'ame puiffe gouter : La Paix de Dieu, qui furpaffe toute conception : Le fentiment de fon amour, qui pénétre le cœur de joye &
d'efpé-

d'espérance: De la consolation, & même de la sérénité, au milieu des revers ; &c.

X X X.

Mais cette vie étant courte & su-
jette à tant de miséres ; la Religion ne
seroit que d'un usage médiocre, si elle
ne nous élevoit pas plus haut, & si
elle ne *mettoit* pas *en lumiére la vie &*
l'immortalité, II. Tim. I. ℣. 10.

X X X I.

Promesse merveilleuse, étonnante,
mais qui n'est point incroyable, quand
celui qui la fait, la confirme en même
tems par des preuves certaines & par
sa propre expérience ! Refusera-t-on
de l'en croire, lors qu'il dit : *Celui*
qui vaincra, je le ferai asseoir sur mon
trône, puisque, pour gage de sa Parole,
il peut ajouter, *Comme aussi j'ai vain-*
cu, & je suis assis sur le trône de mon
Pére ? Apocal. III. ℣. 21.

X X X I I.

Voici ce qu'il y a de plus haut dans
le Christianisme ; voici la force & le
triomphe de la Foi ; c'est qu'une ferme

&

& inébranlable attente des biens invifibles, nous faffe entreprendre ce qu'il y a de plus difficile, & fouffrir ce qu'il y a de plus rude. *Hebr.* XI. ℣.1. 2. *Corinth.* IV. ℣.17.18. I. *Jean* V.℣.4.5.

XXXIII.

Ainfi la Religion eft véritablement la meilleure Philofophie ; c'eft *la Sageffe entre les parfaits*, I. *Cor.* II.℣.6. Ce que tous les Philofophes avoient cherché vainement, par de pénibles méditations, CHRIST l'enfeigne clairement & le met à la portée des plus fimples.

XXXIV.

La Religion eft une pierre de touche, qui fert à éprouver les efprits, pour leur faire trouver le fort qu'ils méritent, felon leur conduite & leur caractére.

XXXV.

C'eft pourquoi elle ne nous contraint pas, mais fe contente de nous mettre devant les yeux la *vie & la mort, la bénédiction & la malédiction*, en nous laiffant la liberté de choifir. *Deuter.* XXX. ℣.19.

XXXVI.

De-là vient encore qu'on y trouve un certain mélange de lumiére & d'ombres. Il y a aſſez de lumiére pour éclairer & diriger ceux qui ont le cœur droit & qui aiment la verité , ſelon ce que dit Jesus-Christ : *Si quelqu'un veut faire la volonté de Dieu , il reconnoîtra ſi ma Doctrine eſt de Dieu, ou ſi je parle de mon chef.* S. Jean VII. ℣.17. Mais il y a auſſi aſſez d'ombres, pour que ceux qui ſe plaiſent dans leur erreur & dans leurs vices, puiſſent y demeurer volontairement, ſelon la remarque de S. Paul : *Si l'Evangile que nous prêchons eſt encore voilé, il n'eſt voilé que par raport à ceux qui périſſent , deſquels le Dieu de ce ſiécle a aveuglé l'entendement.* 2. Corinth.IV. ℣.3.

XXXVII.

Chacun ſelon ſa capacité eſt obligé d'étudier & d'examiner la Religion.

XXXVIII.

Mais l'eſſentiel eſt d'en venir à la pratique , ſans quoi la connoiſſance de la Religion eſt auſſi inutile qu'il

le

le seroit à un homme affamé de voir des alimens sans y toucher, ou à un malade de connoître des remédes sans les prendre.

XXXIX.

La Religion consiste dans la pratique. Peut-on en douter, après cette belle déclaration de l'Apôtre ? *La Religion pure & sans tache devant Dieu nôtre Pére, consiste à visiter les orphelins & les veuves dans leurs afflictions, & à se préserver des souillures du monde.* S. JAQUES I. ℣. 27. Peut-on en douter, quand on entend JESUS-CHRIST, assurer en tant d'endroits, que ce qu'il exige sur-tout, c'est que *nous gardions ses commandemens,* que *nous nous aimions les uns les autres,* que *nous soyions débonnaires & humbles de cœur,* que *nous renoncions à nous-mêmes,* que *nous portions sa croix* ? &c.

XL.

Les Mystéres de la Foi Chrêtienne tendent tout entiers à la pratique : De-là vient que la Doctrine Chrêtienne est appellée le *Mystére de Pieté,*

&

& *la Vérité qui est selon la Pieté.* I. Tim. III. ℣. 16. Tite I. ℣. 1.

XLI.

Les perfections de Dieu servent de fondement à *l'amour*, à la *crainte*, à la *confiance*, & à l'*obéïssance* que nous lui devons.

XLII.

Dieu s'est manifesté en chair. Voilà un engagement pour nous, également fort & touchant, à méner une vie divine dans un corps mortel.

XLIII.

Le but de nôtre Rédemption quel est-il, selon l'Evangile? C'est qu'*étant délivrez de la crainte de nos ennemis, nous servions Dieu en justice & en sainteté, tous les jours de nôtre vie,* S. Luc I. ℣. 74. 75. CHRIST a porté nos péchez en son corps sur le bois, *afin qu'étant morts au péché nous vivions à la justice,* I. PIERRE II. ℣. 24. Il s'est donné soi-même pour nous, *afin de nous racheter de nos iniquitez, & de nous purifier, pour se faire un Peuple qui lui appartienne en*

pro-

propre, & qui s'attache avec zéle aux bonnes œuvres. TITE II. 14.

XLIV.

Enfin à quoi tendent les promeſſes de CHRIST, ſi non à nous *nettoyer de toute ſouillure, de chair & d'eſprit;* 2. *Corinth.* VII. ℣. 1. & à nous engager par une ſi grande eſpérance à devenir purs comme lui ? 1. *Jean* III. ℣. 3.

XLV.

Il n'y a rien de ſtérile dans les diſcours de Nôtre Seigneur, ni dans les Ecrits des Apôtres. Tout y eſt d'une merveilleuſe efficace. Tout s'y raporte à la pieté & à la ſainteté. *Le but de leur prédication, c'eſt la charité, qui vient d'un cœur pur, d'une bonne conſcience, & d'une foi ſincére.* 1. *Tim.*I. ℣. 5.

XLVI.

En J.CHRIST, *ce qui ſert,* ce dont il tient compte uniquement, *c'eſt d'être une nouvelle créature,* GALAT.VI.℣.15. c'eſt-à-dire, comme l'Apôtre l'explique lui-même, *d'obſerver les commandemens de Dieu.* 1. *Cor.* VII. ℣. 19.

X

XLVII.

XLVII.

Tant s'en faut que de *croire bien*, ferve de couverture quand *on vit mal*, que c'eſt au contraire s'ôter toute excuſe ; *Le ferviteur qui a connu la volonté de ſon Maître, & ne l'a pas faite, ſera battu de plus de coups.* S. Luc XII. 47.

XLVIII.

Croire bien & *vivre mal* n'eſt pas ſeulement l'excès du crime ; c'eſt encore la plus haute folie. C'eſt comme ſi quelqu'un avaloit du poiſon, en le connoiſſant pour tel ; ou comme, ſi, en voyant un précipice, on alloit s'y jetter de gayeté de cœur.

XLIX.

Mais à proprement parler, ce ſont deux choſes incompatibles que de *croire bien & vivre mal ;* Car en vivant mal il paroît au moins qu'on ſe croit permis de mal vivre, & cela même eſt l'erreur du monde la plus groſſiére & la plus dangereuſe.

L.

Ce n'eſt pas témoigner de la confiance à un guide que de ne pas marcher dans le même chemin que lui. Ce

n'eſt

n'eſt pas être docile envers un Maître, que de ne faire aucun uſage de ſes leçons ni de ſes conſeils. On doit juger préciſement de même de ceux qui ſe diſent Diſciples de JESUS-CHRIST.

LI.

Celui qui vit mal, en même tems qu'il ſemble avoir une ſorte d'attachement pour la Religion, montre ou qu'il **a** une fauſſe idée des devoirs qu'elle nous impoſe, ou qu'il ſe flatte trop ſur l'indulgence de Dieu, ou qu'il ſe fait quelqu'autre illuſion de cette nature. Et tout cela eſt fort erroné, comme chacun voit.

LII.

Si on peut donner le nom de *Foi* à la *croyance de la vérité* jointe à une *mauvaiſe vie*, c'eſt un genre de foi *diabolique*, comme le dit S. JAQUES II. ℣. 19

LIII.

Enfin la Foi ſeparée de la pratique, eſt ſi fauſſe, ſi vaine, qu'il eſt dit de ceux qui n'obéïſſent pas à Dieu qu'*ils ne l'ont pas même connu.* I. JEAN II. ℣. 4.

LIV.

Dans la Religion tout eſt dû à Dieu,
X 2

com-

comme à l'*Auteur de toute bonne donation*, S. JAQUES I. ℣. 17. L'homme n'y met du fien que ce qu'il faut pour donner lieu à le juger.

L V.

De cette maniere, il n'a pas fujet ni de fe glorifier, ni de demeurer oifif. Car d'un côté *Qu'as-tu que tu n'ayes reçû?* & de l'autre, *Dieu rendra à chacun felon fes œuvres.*

L V I.

Ufer de contrainte en fait de Religion, c'eft violer la Religion elle-même, & la renverfer abfolument : Car comme dit LACTANCE, *Il n'y a rien de fi volontaire que la Religion ; fi le cœur & l'intention n'accompagnent pas le facrifice, c'eft un culte nul & qui perd tout fon prix.* LACT.*Divin. Inftit.* Lib.V. Cap. 20.

L V I I.

Si quelqu'un vouloit prouver une vérité Géometrique par des promeffes & des menaces, par la violence & par les fupplices, on regarderoit cela comme une entreprife de la derniere abfurdité. Il n'eft pas moins abfurde

d'emd'employer de semblables moyens en fait de Religion.

LVIII.

La Religion est si importante, qu'on peut dire que nous sommes nez pour elle. Otez cette fin de la vie humaine, en vérité, ce n'étoit pas la peine de naître. Car quoi ? *N'avons-nous vû le jour que pour boire & manger, pour être comme les valets d'un malade, je veux dire, pour dépendre d'un corps infirme, & pour trembler enfin aux aproches de la mort ? O que ce seroit une chetive créature que l'homme, s'il ne s'élevoit pas au-dessus des choses humaines !* C'est ce que disoit *Sénéque* en faveur de la Philosophie ; mais on peut l'appliquer beaucoup mieux à la Sagesse Divine dont nous avons parlé. *Præf. Lib. I. Nat. Quæst.*

LIX.

Plusieurs des Anciens croyoient ne pouvoir mettre assez de *merveilleux*, de pompe, & de mystéres dans la Religion, pour lui donner du relief. C'est une grande erreur. Ces faux ornemens ne font que la défigurer. Elle n'est jamais plus belle que dans sa simplicité originale.

LX.

LX.

C'eſt à juſte titre que la Religion eſt regardée comme une choſe vénérable. Mais elle paroîtroit infiniment & plus vénérable & plus aimable, ſi l'on s'en formoit de juſtes idées, & ſi les Chrêtiens avoient ſoin d'en montrer l'excellence & l'efficace, par leur vie, plûtôt que par des paroles.

LXI.

Ce proverbe, que les meilleures choſes deviennent les pires de toutes, quand elles ſe corrompent; ne ſe vérifie mieux nulle part que dans la Religion.

DE LA THEOLOGIE.

LXII.

La *Théologie* n'eſt autre choſe que la Religion même, expliquée & prouvée plus amplement. Ainſi tout ce qui n'eſt pas d'uſage dans la Religion, doit auſſi tenir peu de place dans la Théologie.

LXIII.

Le mot de Théologie ne ſignifie pas ſeulement un diſcours qui regarde la Divinité, mais auſſi un langage de la

Di-

Divinité elle-même. C'eſt pourquoi on doit la puiſer, non dans les déciſions humaines, non dans les Péres ni dans les Conciles, non dans aucun écrit public ou particulier, mais dans la ſeule Parole de Dieu.

LXIV.

Ceux qui font de leur Théologie une affaire de parade, un champ de diſpute, un étalage d'eſprit & d'érudition, & non une Régle de conduite, ne ſavent pas ce que c'eſt que la Théologie.

LXV.

La différence qu'il y a entre un habile & un malhabile Théologien, c'eſt que celui-ci croit en ſavoir beaucoup, au lieu que l'autre reconnoit ingenument qu'il en ſait peu.

LXVI.

On n'eſt pas mal avancé dans la Théologie, quand on a apris à ignorer de certaines choſes.

LXVII.

Ceux qui voudroient que JESUS-CHRIST nous eut donné une Théologie Syſtématique, ne ſavent guéres juger de ce qui convient. L'art de bien vivre s'enſeigne beaucoup mieux par

des

des entretiens familiers, & par des leçons
variées selon les occasions qui se pré-
sentent, que par cet attirail de défini-
tions, de divisions, & de questions sub-
tiles, qu'on appelle un *Système.*

LXVIII.

Comme *la Théologie des Casuistes* a
été assez bien définie, *l'Art de chicaner avec Dieu;* il semble aussi qu'on ne
définiroit pas mal la *Théologie Scholasti-
que*, en l'appellant l'*Art de chicaner
avec les hommes.*

LXIX.

Si les Apôtres revenoient au monde,
entendroient-ils la Théologie qu'on dé-
bite en plusieurs lieux pour être la leur
(par exemple, à *Conimbre*, à *Salaman-
que* & ailleurs aussi?)   J'en doute.

LXX.

La tâche d'un Théologien ressemble
assez à celle d'un Sculpteur, qui doit
retrancher, & non ajoûter, au bloc
qu'on lui met entre les mains. Il s'agit
d'enlever ce qui défigure, ce qui est
superflu; jusqu'à ce que, ce qui reste
soit précisément le NOUVEL HOMME
formé à l'image de Dieu.

FIN.

www.ingramcontent.com/pod-product-compliance
Lightning Source LLC
LaVergne TN
LVHW011900180726
843502LV00003B/530